编委会成员名单

社会科学专家

话大理

中共云南省委宣传部
云南省社会科学界联合会
中共大理白族自治州委员会
大理白族自治州人民政府
组编

中共大理州委宣传部
大理州社会科学界联合会
协编

云南大学出版社
YUNNAN UNIVERSITY PRESS

图书在版编目（CIP）数据

社会科学专家话大理 / 中共云南省委宣传部等组编. —
昆明 : 云南大学出版社, 2018
ISBN 978-7-5482-3554-5

Ⅰ. ①社… Ⅱ. ①中… Ⅲ. ①社会科学－文集 Ⅳ.
①C53

中国版本图书馆CIP数据核字(2018)第221458号

策划编辑：陈　曦
责任编辑：李　红
封面设计：万琴琴

社会科学专家话大理

中共云南省委宣传部
云南省社会科学界联合会
中共大理白族自治州委员会
大理白族自治州人民政府
组编

中共大理州委宣传部
大理州社会科学界联合会
协编

出版发行：云南大学出版社
印　　装：昆明理煜印务有限公司
开　　本：787mm×1092mm　1/16
印　　张：13.25
字　　数：240千
版　　次：2018年10月第1版
印　　次：2018年10月第1次印刷
书　　号：ISBN 978-7-5482-3554-5
定　　价：48.00元

社　　址：昆明市一二一大街182号（云南大学东陆校区英华园内）
邮　　编：650091
电　　话：0871-65031070　65033244　65031071
网　　址：http://www.ynup.com
E-mail：market@ynup.com

云南省社科联党组书记、主席张瑞才主持“云南社科专家大理行”调研咨询暨大理发展高端论坛并讲话

中共大理州委书记陈坚在“云南社科专家大理行”调研咨询活动专家见面会上讲话

中共大理州委副书记、州长杨健在“云南社科专家大理行”调研咨询暨大理发展高端论坛上讲话

中共大理州委常委、州委宣传部部长彭斌主持“云南社科专家大理行”调研咨询活动专家见面会

“云南社科专家大理行”调研咨询活动专家见面会

“云南社科专家大理行”调研咨询暨大理发展高端论坛

社科专家到大理洱海科普教育中心实地调研

社科专家到大理市湾桥镇古生村实地调研

社科专家到宾川县红色海稍农业观光旅游责任有限公司实地调研

社科专家到宾川县乔甸镇雄鲁么村委会实地调研

社科专家到祥云圣龙现代农业庄园实地调研

社科专家到祥云县王复生、王德三烈士故居实地调研

社科专家到飞龙公司湿法铅厂调研

社科专家到洱源茈碧湖草海湿地调研

“云南社科专家大理行”巍山县调研咨询座谈会

社科专家到巍山县调研

前 言

在全州各族人民认真学习贯彻习近平新时代中国特色社会主义思想和党的十九大精神，凝心聚力建设美丽幸福新大理的关键时刻，《社会科学专家话大理》一书及时面世，给奋斗中的各族人民以新的精神食粮和智力支持，可喜可贺。

中共大理州委、大理州人民政府历来高度重视哲学社会科学，积极借助外力，充分发挥社科理论工作者的聪明智慧，请他们为大理的经济社会发展出谋划策、献计出力。2017 年 12 月 5 日至 9 日，中共云南省委宣传部、云南省社科联、中共大理白族自治州州委、大理白族自治州人民政府共同主办了“云南社科专家大理行”调研咨询活动，国家、省、州级有关专家学者 30 多人应邀参加调研咨询活动。

专家学者们主要考察调研了大理市、祥云县、宾川县、洱源县的滇西中心城市建设、旅游度假区建设、生态文明建设、高原特色农业发展、脱贫攻坚、党的建设、民族团结、乡村振兴等方面的工作。专家学者们通过听、问、看、查、议，深入调查研究，把脉问诊大理，出谋献策。事后，专家学者们又认真撰写了调研咨询报告和专题论文共 32 篇，为大理州的民族文化建设和经济社会发展提出了很多很好的建议。

如党的建设方面，专家学者们建议全面加强大理州基层党组织的思想、制度、组织建设，改进活动方式，培养骨干，凝聚人心和战斗力，充分发挥基层党组织的战斗堡垒作用；民族团结方面，专家学者们建议加大大理州民族团结进步典型经验的宣传推广力度，使大理成为全国民族团结进步工作的典范；乡村振兴方面，专家学者们建议大力发展大理特色农业，重视农家小院和白族民居保护，培养新型农民，弘扬白族民间传统文化；中心城市建设方面，专家学者们建议将滇西中心城市建设纳入国家“一带一路”倡议，注重发展县城和乡村经济，振兴产业；洱海保护方面，专家学者们建议控制洱海流域人口总量，调整环洱海区域种植结构，科学监测治污效果，实施生态补偿，依法保护治理洱海；生态文明建设方面，专家学者建议环境生态保护要“多规合一”，大力发展绿色产业和生态农业，调整税收政策，促进生态文明建设；特色农业发展方面，专家学者们建议要大力发展高原特色农业，注重提质增效，加快土地流转、科技创新和农业产业化；旅游方面，专家学者们建议加快大理旅游的转型升级，由传统的观光游向休闲、度假、养生、保健、体育、文化游转变，把大理建设成世界级的休闲度假旅游胜地；脱贫攻坚方面，专家学者们建议政策向贫困地区倾斜，培养贫困地区造血功能，注重异地搬迁，科学考评扶贫工作；等等。上述建议，这里只是作蜻蜓点水式的简要介绍。专家学者们众多的真知灼见和意见建议，还请广大读者认真阅读、学习原著，以获取更多的知识营养和智慧启迪。

总之，专家学者们为大理的民族文化建设和经济社会发展提出了许多有价值的真知灼见和实用良方。这对我们进一步推动大理的民族文化建设和经济社会发展具有重要的参考、借鉴意义，对中共大理州委、大理州人民政府及各部门的工作也具有非常实用的参考价值。

2018 年 9 月

目 录

生态文明

精准扶贫

乡村振兴

特色农业

旅游发展

民族团结

中心城市

宣传报道

领导讲话

在“云南社科专家大理行”调研咨询活动专家见面会上的讲话

省社科联党组书记、主席、博导　张瑞才
(2017 年 12 月 6 日)

尊敬的陈坚书记、各位专家、各位领导以及新闻媒体的各位朋友：

大家下午好！

在全省上下学习贯彻落实习近平新时代中国特色社会主义思想和党的十九大精神之际，由省委宣传部、省社科联和大理州委、州政府联合组织的“云南社科专家大理行”调研咨询活动在这美丽的洱海之滨举行。刚才陈坚书记对大理州情作了详细介绍，使我们对大理的风花雪月、文化底蕴和州情有了深刻认识，对大理在州委、州政府的领导下所取得的成就感到非常振奋和深受启发。“社科专家基层行”从 2003 年红河州开始启动到现在已经走了 15 个年头，在这 15 个年头里，我们按照“1 + x”的模式，目前已经覆盖了除文山州外的 15 个州市 120 多个县（市、区），很多名专家学者被聘为地方经济社会发展的顾问，在 2018 年年初我们将组织社科专家文山行，届时就完成了一轮。

2008 年，我们曾组织社科专家对大理的城市建设、工业建设、农业产业、旅游开发、文化等方面开展调研咨询、把脉问诊，如对海东湿地的开发、大理城镇化建设、洱海的保护治理等都提出了建议，为大理经济社会发展提供了很好的智力支持。今年，我们根据大理州在经济社会发展中迫切需要解决的八个方面的问题导向来遴选专家，邀请了来自中央宣传部、国防大学、中国社科院、中国农业大学、复旦大学、云南大学、云南省社科院等这些省内外顶级的出思想、出智慧的高端智库的资深专家来参加此次活动，破解这些难题。邀请来的这 21 位专家，既有省外的，也有省内的，有的曾经参加过基层行活动，但大多数专家是第一次参加，所以在这里我对这次活动提以下几点基本要求。

第一，要始终坚持政治导向。我们这次专家基层行正好是在贯彻落实党的十九大精神的重大契机下开展的，同时中央也要求把学习和贯彻落实习近平新时代中国特色社会主义思想和党的十九大精神作为我们首要的政治任务，所以坚持正确的政治导向是核心，就像始终坚持马克思主义对哲学社会科学为指导，是中国哲学社会科学发展到今天最核心的东西；始终坚持以马克思主义为指导，是中国哲学社会科学区别于其他哲学社会科学最根本性的标志。聚焦到十九大，我想最重要的就是要用习近平新时代中国特色社会主义思想来指导我们的整个活动。因为确立习近平新时代中国特色社会主义思想是党的十九大的一个历史性贡献，是十九大报告的灵魂，是指导我们这次活动的根本指针。因此，我们要把学习贯彻落实习近平新时代中国特色社会主义思想和党的十九大精神具体体现在我们这次研究和破解大理提出的这八个方面问题中。作为思想库和智囊团，我们的专家不仅要注重短期，更要注重长远的发展，应该在这八个问题上，按照这样一个理念、一个思路来进行推进。再如习近平新时代中国特色社会主义思想中一个核心理念，就是如何统筹推进“五位一体”，如何协调推进“四个全面”，在大理州要怎么展示也需要我们认真地思考。所以我认为大理提出的八个问题，实际上就是统筹推进“五位一体”，协调推进“四个全面”的一个充分展示，也就是围绕经济建设来创造物质文明，为大理的发展提供物质基础；通过民族的法制建设创造政治文明，为大理发展提供政治保障；通过教育、科技、文化的建设来推进精神文明建设，为大理发展提供思想保障和智力支持；通过社会层面的建设，建设社会文明，为大理的发展提供社会条件。我们要抓住大理州在社会矛盾发生变化的情况下，分析矛盾的两个方面，以及在大理它展现出来的特点是什么。所以我个人认为，在政治导向上，一定要用习近平新时代中国特色社会主义思想来指导我们的整个活动，来指导我们每一位专家的研究理念、研究方式、研究方法。坚持以习近平新时代中国特色社会主义思想为指导，就是坚持马克思主义，就保证了正确的政治方向。我们要深化对十九大精神特别是对习近平新时代中国特色社会主义思想的领会，用它来指导我们的研究工作，以确保导向的正确。

第二，要坚持问题导向。“云南社科专家基层行”的目的就像医生看病，把脉问题、解决问题。这次提出的问题是源于大理州在新的历史起点上，在中国特色社会主义进入新时代这样特定背景下，制约大理发展的关键问题、核心问题。所以我们根据州委、州政府提出来的八个问题，分别请专家来把脉问诊，破解难题。问题找得准不准，看得实不实，抓的药方管不管用，这不仅仅是专家的水平问题，关键还需要专家要有强烈的问题意识。在问题意识当中，我个人认为这次专家基层行，最重要的是围绕社会的主要矛盾来展开。今天我国已走到新起点，人民对美好生活的需要跟过去简单的物质文化发展需求已经发生了很大的变化。比如，现在我们对民族和法制的需求，我们对公平和正义的需求，我们对安全和环境的需求，等等。那些新的要素，作为主要矛盾的主要方面已经发生了很大的变化，我们专家就要以自己独特的视角，用自己全新的研究方式来把握住人民需求的重大变化，解决人民需求最核心的问题、不平衡和不充分的问题，这两个问题都是我们问题当中最为核心的部分。现在，我们区域发展的不平衡，包括我们城乡发展的不平衡、物质文明和精神文明发展的不平衡，这些不平衡在大理究竟是怎么表现的，这就需要我们深入研究。我认为通过对社会主要矛盾在大理的主要表现的研究和把握，就可以深化对大理州情的认识。比如，矛盾主要方面的一个核心要素，是发展不充分的问题。刚才陈坚书记给我们介绍了大理州除了大理市以外，其他所有县都是脱贫攻坚县，这就是发展不充分的一个重大表现。我在省委宣传部工作的八年时间，每年会两次到联系点洱源县。洱源县总体情况不错，但是如炼铁乡、西山乡，实际上贫困面是很大的。刚才陈坚书记说脱贫攻坚有艰辛、有信心、有办法，因为这仗是必须打好的。所以主要矛盾当中发展不充分的问题，实际上也是制约大理发展的一个关键性问题。这些问题聚焦为三大问题，就是2015年习近平同志考察云南，尤其是到了大理以后提出的云南三个大的定位：民族团结进步方面，就需要我们专家把大理在实践创造当中的经验进行有效的提升。像洱源县郑家庄，七个民族和谐共处，就是一个典范，这些重大的实践经验，要通过我们的专家来进行概括，并上升到理论，再用以指导我们民族团结进步示范区的创建、发展、提升。对外开放方面，州委、州政府把大理定位为“一带一路”中区域性的节点重要城市。这方面的问题也需要运用我们专家的知识和方法，通过你们的视野来提升大理在对外开放当中、在“一带一路”建设当中的重要性和相关的建设措施。对于生态文明建设问题，现在州委、州政府在总书记的嘱托下，在2015年、2016年、2017年不到三年的时间，在生态文明建设上确实取得了很大的成效。所以，怎么来贯彻新发展理念，怎么来建构人和自然的利益共同体，这些实际上都要用社会主义生态文明观来指导我们生态文明的建设。

习近平同志对大理在三大定位当中寄予最大厚望的就是生态文明建设，这方面大理做出巨大贡献。我印象很深的是，习近平同志2015年1月20日到大理，回到昆明以后，引用了很多赞美大理的诗句。专家昨天到了大理后感受最大的就是下关的风大，这也是大理的特点！所以才有“下关风，上关花，下关风吹上关花；苍山雪，洱海月，洱海月照苍山雪；“苍山不墨千秋画，洱海无弦万古琴”等精彩诗句流传。云南乃至中国的高原民族，我们要像保护眼睛一样来保护好我们的高原文物，要像爱护生命一样来爱护我们的高原文物。无论是从生态文明观的角度，还是从生态治理的角度，从提升洱海保护能力的角度，我们都有很大的研究空间。所以问题意识和问题导向对于我们开展“社科专家基层行”至关重要！我把各位专家比作医生，来解决这些问题，这些问题就是矛盾，大家出的是否是实招、良招、管用的招，检验的是我们专家的水平。所以我们一定要始终坚持问题意识和问题导向。

第三，要坚持理论联系实际的学风。理论联系实际说起来就一句话，但是做起来却非常不容易。“社科专家基层行”最重要的一点我把它概括为两句话：做到吃透“两头”，做到“顶天立地”。一要吃透理论。如果你对所研究的领域的基础理论、对前沿的核心思想把握不准，那么结合实际就很难。二要吃透实践。我们专家到大理调研的时间毕竟太短，短短的四五天，仅凭这四五天的时间来了解情况是远远不够的，所以一定要向当地的干部学习，向当地的人民群众学习，善于把群众的实践经验进行总结、概括、提炼，上升到理论。如果吃不透“两头”，理论联系实际就做不到，所以既要吃透理论，也要吃透实践。如何做到顶天立地？所谓顶天就是把你所学理论知识当中最前沿的知识、最核心的东西、最具有创新性的东西和大理实际联系起来。我们专家具有独特的优势，就是站位高，能把握前沿，但实践是弱项，所以对基层这块的把握要深化。要进行理论创新，创新源于实践，这也是党的理论工作的基本规律。只有在实践创新的基础上来进行理论提升，这样我们的理论才经得起实践的检验。在这里我借用南宋朱熹先生的一首小诗来与各位专家共勉：“半亩方塘一鉴开，天光云影共徘徊；问渠那得清如许？为有源头活水来。”理论的“活水源头”在实践，大理州360万人民群众，不论是在生态文明建设、民族团结进步示范、脱贫攻坚、特色农业的发展方面，还是在参与“一带一路”建设上，都在实践当中创造了丰富的经验，都需要我们去提炼、去总结。所以一定要坚持吃透“两头”，做到“顶天立地”。做到这两点，你的报告的分量、报告的价值、报告的指导作用、提出的咨询意见，就会对大理州的发展具有一定的参考价值，要争取把调研报告书写在大理的土地上。

第四，就是希望大家要始终秉持以人民为中心的研究导向。习近平同志讲过这样两句话，为我们哲学社会科学在价值导向上指明了为了谁、依靠谁的问题。第一句话说“这是一个需要思想而且一定能够产生思想的时代”。当前中国特色社会主义进入新时代的重大历史契机，各位专家来到了实践非常鲜活的大理州，这就为我们理论创新提供了重要的源泉，所以习近平同志说时代是思想之母。第二句话说实践是理论之源。理论的源泉在于实践，从这个角度来说，只有确定以人民为中心的研究导向，立足于人民群众最迫切需要解决的重大实践问题、重大理论问题、重大实践经验总结和概括，在这个过程当中，我们的学者定能够秉持“为天地立心，为生民立命，为往圣继绝学，为万世开太平”的信念。有了以人民为中心的研究导向，有了这样的信念和情怀，我们就会带着深厚的感情来回答大理州在进入新时代所碰到的迫切需要解决的问题，我们就会拿出好的成果，拿出好的建议。

州委、州政府非常重视这次专家基层行活动，前期准备了近半年时间，我相信我们每一个学者按照这几个要求，经过这几天的努力，都能做到问心无愧，用学者的良知、智慧、思想来为大理的发展建言献策，最后能够给大理州委、州政府，给大理州 360 万各族人民交上一份满意的答卷。

最后预祝本次活动取得圆满成功!

在“云南社科专家大理行”调研咨询活动专家见面会上的致辞

中共大理州委书记　陈　坚

（2017 年 12 月 6 日）

正当全州上下深入学习贯彻党的十九大精神，加快推进大理绿色发展、共享发展、跨越发展的关键时刻，“云南社科专家大理行”调研咨询活动正式启动了。在此，我代表大理州委、州政府向各位领导、各位专家、新闻界的朋友们表示热烈的欢迎！

大理地处云南省中部偏西，是全国唯一的白族自治州。全州面积 2.95 万平方千米，辖 1 个市、11 个县、1 个国家级经济技术开发区和 1 个省级旅游度假区，有白族、汉族、彝族、回族等 13 个世居民族。2016 年年末户籍人口 360.5 万人，少数民族人口占总人口的一半，白族人口占总人口的 1/3。大理历史悠久、文化灿烂、生态良好、资源丰富、区位优越，是宜居宜业宜游的生态乐园、幸福家园。大理集国家级历史文化名城、国家级风景名胜区、国家级自然保护区、中国优秀旅游城市、最佳中国魅力城市、世界地质公园等多项桂冠于一身，一部《五朵金花》，在改革开放前就名扬四海，让人对大理无限向往；一部《天龙八部》，让人对大理充满遐想；一曲世界名曲《小河淌水》，让人对大理如痴如醉；“天气常如二三月，花枝不断四时春”，让人对大理流连忘返。今天的大理，以其深厚的历史和文化底蕴、不可复制的生态环境，成为一块当今世界稀缺的人类栖息地，成为人们向往的归心之地、筑梦之地。

2015 年 1 月，习近平同志到云南考察时亲临大理，作出了“一定要把洱海保护好，让‘苍山不墨千秋画，洱海无弦万古琴’的自然美景永驻人间”的重要指示。习近平同志对大理工作的重要指示，为大理当前乃至未来更长时间的发展指明了方向，为大理在新的起点上实现跨越发展带来了千载难逢的发展机遇，大理成为中央和省委、省政府领导高度重视，社会各界广泛关注的重点区域之一，在脱贫攻坚、洱海保护治理、绿色发展等重点工作上获得了各级各方的更大关心和支持。当前，大理发展站在了新的历史起点上，开启了新时代中国特色社会主义建设的新征程。大理作为欠发达地区，党的十九大关于社会主要矛盾的新论断，为大理带来了更加难得的新发展机遇。我们将深入学习贯彻党的十九大精神、习近平新时代中国特色社会主义思想和习近平同志对云南对大理重要讲话精神，全面加强洱海保护治理，全面推进脱贫攻坚，全面加快大理产业转型升级，努力把大理建设成为生态文明的标兵、民族团结进步的典范、世界级旅游休闲度假胜地、滇西中心城市和“一带一路”的重要支点，在全省争先进位的发展态势中奋力开创大理绿色发展、共享发展、跨越发展新局面。

“社科专家基层行”是云南社科界一个响当当的调研咨询品牌工程。这次“云南社科专家大理行”活动，确定了洱海保护治理、脱贫攻坚、旅游转型升级、生态文明建设、民族团结进步、高原特色农业产业、滇西中心城市建设、党的建设8个课题进行专题调研，具有较强的广泛性和针对性。希望各位领导、各位专家、新闻界的朋友们一如既往地关心、支持、宣传大理的建设和发展，充分发挥社科专家服务经济社会和党委政府决策的智库作用和功能，对我们的工作给予更多指导和帮助，为谱写好云南跨越式发展新篇大理章节献计出力。对大家的意见建议我们将认真学习领会，充分吸纳运用，科学指导大理实践，不辜负省委和各位领导、各位专家、新闻界的朋友们对大理的关心和厚爱。我们相信，在省委宣传部和省社科联的大力支持下，在各位专家的积极参与下，这次“云南社科专家大理行”调研咨询活动一定能取得圆满成功。

最后，祝各位领导、各位专家和新闻界的朋友们在大理期间工作顺利、身体健康、万事如意！

在“云南社科专家大理行”暨大理发展高端论坛会议上的讲话

大理白族自治州人民政府州长　杨　健
(2017 年 12 月 9 日)

尊敬的各位领导、各位专家：

大家下午好！

正当大理全州上下深入学习贯彻落实党的十九大精神，全力以赴决战脱贫攻坚、决胜全面小康的关键时刻，省委宣传部、省社科联组织社科专家大理行调研咨询活动，为大理州经济社会发展把脉会诊、集智献策非常及时，非常重要，对我们更好地贯彻落实党的十九大精神，推进大理实现跨越式发展，将产生深远的影响。早在 2008 年，省委宣传部、省社科联就举办了一次“社科专家大理行”活动。社科专家走进大理，围绕大理的城市建设、工业发展、旅游开发以及产业发展等主题开展调研咨询，为大理州经济社会发展提供了有力的智力支持。有的研究成果已经直接转化为党委、政府的决策，有的成果已经产生经济效益、社会效益，得到社会各界的好评。当前，大理州正处于发展的关键时期，面临新的发展机遇。同时，全州脱贫攻坚、洱海保护治理、基础设施建设、重点产业发展、保障改善民生等工作任务还十分艰巨。目前，州委、州政府正在谋划明年和今后五年的工作。州人大、州政府、州政协明年初将换届。因此，从更宽的视野、更高的标准来思考研究大理今后五年经济社会的发展意义重大。在这个重要的节点上，社科专家又一次走进大理，为我们提供了一次跳出大理看大理、跳出大理谋划大理发展的机会，从更高层次、更广的角度来借助外援，更加精准、更加深入地研究解决问题的平台和途径。

五天来，各位领导和专家不辞辛苦，先后深入到大理市、洱源县、巍山县、祥云县、宾川县实地调研、座谈交流、查阅资料，全面研究和分析我州各个方面的发展情况，围绕大理服务和融入“一带一路”倡议、建设世界级旅游休闲度假胜地、生态文明建设、民族团结进步示范创建、高原特色农业发展、洱海保护治理、脱贫攻坚、党的建设8个专题进行深入的研究。这些内容也是大理州当前和今后一段时期工作的重点和难点，如何把这些工作抓得更好、更有成效，需要各位专家为我们支招，与我们一起共同破题、共同完善发展思路，拿出更加有效的措施。调研过程中，各位专家以党的十九大精神为引领，把大理发展放到全国、全省的角度来思考，以创新的勇气直面问题，提出了许多分析深刻、针对性强的意见和建议。刚才，14位社科专家花了两个半小时的时间，就大理州发展重点问题作了深入研讨。从专家们的发言中可以看出，大家的研究很深入，问题看得很准，分析研究很透彻，对策措施科学可行。很多观点既有理论的高度，又有可操作性，对推动大理的建设发展非常有意义，对我们全州经济社会发展是最好、最真、最全也是最有诚意的指导和帮助。这些意见建议，有的着眼大理跨越发展，从大理的资源优势以及现实基础、发展趋势提出了更高更宏伟的目标，为我们指明了发展的方向，有助于我们确定更加科学合理、鼓舞人心的奋斗目标。有的瞄准制约大理长远发展的一些关键性问题，层层深入分析，提出推进跨越式发展的措施，有助于我们进一步理清发展思路、重点突破。有的对发展中的规律性、普遍性、代表性的问题进行深入研究，为大理今后发展提供了理论指导和路径参考。有的对试点、试验、实践经验进行深度的提炼，并总结上升到理论高度，有助于我们在更大范围复制推广。有的思路新颖，独辟蹊径，让我们感觉耳目一新，有助于我们今后改革创新、大胆尝试。这些意见和建议，是理论与实践相结合的结晶，凝结着各位专家的心血和汗水，我们将认真采纳吸收，及时把调研咨询成果转化为大理经济社会更好、更快发展的思路、项目、措施。

从刚才各位专家的交流发言中可以看出，大家对脱贫攻坚十分关心。以脱贫攻坚为例，我们按照习近平同志提出的要用绣花的功夫抓实脱贫攻坚，围绕聚焦精准、聚焦问题、聚焦收入、聚焦保障、聚焦发展、聚焦活力、聚焦满意度、聚焦落实、聚焦目标“九个聚焦”来抓实脱贫攻坚。几位专家对我州脱贫攻坚的情况了解很深入，我们12个县市中有11个县是贫困县。今年省里有20个县要脱贫摘帽，我州有5个县，占了1/4。对我们来说时间紧、任务重，省委、省政府寄予厚望。10月29日至30日，省委书记陈豪从北京参加完党的十九大，第一站就到了大理州弥渡县和南涧县，在基层除了宣传党的十九大精神，就是督促我们的脱贫攻坚工作，对我们提出了更高、更严的要求。最近一个月，省委副书记李秀领、副省长何金平也深入我们今年要脱贫摘帽的祥云、宾川、巍山、洱源、鹤庆5个县，进一步督促指导我州的脱贫攻坚工作。脱贫攻坚是一项系统工程，我们坚持用脱贫攻坚来统领全州经济社会发展的全局。事实证明，脱贫攻坚工作对全州的发展起了重要的推动作用。我们扶贫办成立20多年，几十年的资金投入还没有近两年投入的多。去年到今年两年多的时间，我们先后投入了301.8亿元资金用于脱贫攻坚工作，极大地改善了农村基础设施条件，改善了广大贫困地区的生产生活环境，使产业发展得到了很大提升。广大老百姓，尤其是建档立卡户，“两不愁三保障”得到了进一步巩固。我们有信心、有决心打赢脱贫攻坚这一场硬仗。大理州集边疆、民族、山区、贫困于一体，到“十三五”末实现全面脱贫摘帽，任务十分艰巨，任何时候都来不得半点松懈。但是我们坚信有党中央的坚强领导，有省委、省政府的关心和支持，有全州各级干部群众攻坚克难的精神，我们就一定能够完成任务。

各位专家非常关心洱海保护问题。习近平同志到大理考察时，站在洱海边，作出一定要把洱海保护好的重要指示，让“苍山不墨千秋画，洱海无弦万古琴”的自然美景永驻人间。习近平同志的指示是对全州360万人民的厚爱和鞭策。州委、州政府牢记习近平同志的嘱托，认真贯彻落实省委、省政府的决策部署，在短短的三年时间里，我们已经投入了100多亿元。我们成立了洱海流域保护治理领导小组，成立了大理州洱海流域保护治理“七大行动”指挥部，在洱海流域16个乡镇组建了16支工作队，不分白天黑夜地抓洱海流域的保护治理工作。按照“十三五”规划，我们将实施110个项目，投入199亿元。后来又增加了洱海补水、洱海面山绿化等工程。下一步“三线划定”搬迁安置和生态绿化，还将投入100多亿元。整个洱海保护治理，最终投入将不低于300亿元。尽管保护治理洱海的任务艰巨，压力大，但我们充满信心。就目前情况看，“七大行动”取得了初步成效。我们在科学治理方面充分依靠专家的智慧。当前，一大批洱海保护治理专家聚集大理，为我们建言献策。专家的意见、切实可行的措施，都在洱海保护治理中不断得到贯彻落实。今年年底，洱海环湖一期工程将完工，明年二期工程也将要完工。一、二期工程完工后，可以收集处理90%以上的生活污水。当前，面源污染是洱海的重要污染源。刚才几位专家都反复讨论这个问题，第一是大面积实施节水灌溉这项系统工程；第二是进行产业结构调整；第三是发展高效、生态的现代农业。洱海保护治理采取了很多措施，成效还是明显的。今年最后一个月，各项指标还是朝着好的方向发展。当然，洱海的保护治理也不可能一蹴而就，也将是一个长期的过程。州委、州政府下定决心，久久为功，不管用多长时间，一定要打赢洱海保护治理这场攻坚战。

另外，大家也谈到了高原特色生态农业，这是大理的一大优势。比如核桃，大理州有1000多万亩，2017年核桃总产值突破100亿元。但是，核桃干果价格也有持续走低的趋势。随着产量增加，价格肯定要降。州委、州政府正在千方百计加大精深加工力度，南涧有红云核桃企业，巍山、漾濞目前也有几十家核桃加工企业，虽然总体上弱小，但是我们可以从无到有，从弱到强，逐步培植起来。我们与云南农业大学签订了相关合作协议，希望在核桃的精深加工方面找出一条路子，真正把产业做强做大。有几位专家到了宾川，宾川产业结构调整取得了初步成效。目前我们正在改扩建海鞘水库，争取把它做成大型水库。滇中引水也预留了出水口。同时，我们正在规划建设宾川食品加工园区，发展精深加工，延长产业链。

对大家提出的很多很好的意见和建议，我们今后将认真消化，真正把它转化成加快大理发展的政策、思路和动力。

尊敬的各位领导、各位专家，大理的建设发展离不开各位的关心和帮助。我们真诚恳请各位领导、各位专家一如既往地关心支持大理，继续为大理的发展建言献策。最后让我们以热烈的掌声向各位领导、各位专家表示衷心的感谢！

党的建设

全面加强党的建设的几点建议

中宣部全国宣传干部学院教研部副主任、研究员　秦　强

在接到“大理州党的建设实践研究”调研主题任务后，我认真阅读了大理州、大理市、祥云县、宾川县等提供的有关材料汇编，通过多种方式了解了被调研单位的党建情况，实地察看了大理市、祥云县和宾川县的有关工作情况，对大理州的经济社会发展情况、脱贫攻坚工作情况，尤其是党的建设情况有了更进一步的认识和了解。此次调研正值党的十九大胜利闭幕不久，全国上下正在掀起学习贯彻落实党的十九大精神的热潮。党的十九大给党和国家的事业发展提出了新要求，也给大理州委、州政府的发展思路提出了新要求。大理州委、州政府要自觉以习近平新时代中国特色社会主义思想为指导，深入贯彻落实党的十九大精神，切实把党的十九大精神转化为创新推动工作的思路和举措，落实到经济社会发展各个方面、各个环节，具体有以下几个方面的建议：

一、建议以党的十九大报告提出的新时代党的建设的原则、方针为标尺，全面对照州委的各项工作

习近平同志指出，各级各部门党委（党组）必须树立正确政绩观，坚持从巩固党的执政地位的大局看问题，把抓好党建作为最大的政绩。贯彻落实习近平同志的重要指示，需要从战略高度认识抓好党建工作的极端重要性，把抓好党建作为一切工作成绩的基础和前提。党的十九大报告进一步明确了新时代党的建设的原则方针是：坚持和加强党的全面领导，坚持党要管党、全面从严治党，明确提出要坚持党对一切工作的领导。党政军民学，东西南北中，党是领导一切的。因此，当下中国的所有工作包括业务工作都是党领导下的具体工作，都是党的路线、方针、政策的体现，事实上大理州委和各个基层党组织也是这么做的。对此，不仅要脚踏实地地做，还要理直气壮地说。而在大理市、巍山、祥云、宾川提供的材料中，我们各级党委、党组织在农业发展、脱贫攻坚、易地搬迁、招商引资、旅游发展等方面做了大量工作，但是在材料中，党

的全面领导作用却没有相应地凸显出来，这就不适应新形势下“坚持和加强党的全面领导”“全面从严治党”的新要求。建议以后在向有关党组织汇报相关工作时，要进一步提高政治站位，以新形势下的新要求为标尺，凸显党的全面领导，把党的领导体现在和落实到经济社会发展各个方面、各个环节。

二、建议以新时代党的建设的基本要求为目标任务，着力提高党建工作质量

党的十八大以来，党的建设总体得到普遍加强，但一些地方和部门尤其是在基层，党的建设工作质量还不高，有的搞“两张皮”，围绕中心服务大局不够，不能正确处理抓发展与抓党建的关系，把最大政绩与中心任务割裂开来甚至对立起来。显然，这同我们抓好新时代“提高党建工作质量”的目标任务还存在一定的距离。

一是提高“三会一课”质量问题。现在“三会一课”制度都能基本坚持，学习档案也都基本完备，但新要求是提高质量。各个地方提供的材料中还停留在数量上，没有体现出质量要求。

二是党的基层组织设置和活动方式创新问题。现在处于经济转轨、社会转型、体制转换的全面深化改革时期，行政区划或单位的基层党组织设置模式不能全面有效覆盖基层领域，新组织大量产生，社会人员流动日趋频繁，使以单位为管理服务空间的基层党组织活动难度增大。比如祥云县刘厂镇王家村有182个党员，其中60余个在外地打工，如何对这些流动党员进行有效管理是一个难题。因此，按照新的党建要求，推动基层党组织设置从“有形覆盖”向“有效覆盖”转变，活动从“偏于形式”向“突出作用”转变。

三是基层党组织带头人队伍建设问题。火车跑得快，全凭车头带。基层党组织要强起来，关键在于有一个好的带头人。如何发现、培养和留住带头人问题就成为基层队伍建设的关键问题。现在的带头人普遍年龄老化，任务重，事情杂，约束多，待遇低，有能力的年轻人不愿意干，待遇、事业和感情都留不住人，基层党组织带头人队伍建设面临青黄不接的局面。比如，祥云县刘厂镇王家村的王书记已经干了14年书记了，年龄也快60了。祥云黄草哨村罗碧书书记很年轻，29岁，已经干了七年的书记，但他是特殊情况，他父亲是合作社社长，家里有钱，村民信任，其情况不具有普遍性和可复制性。

四是扩大基层党组织覆盖面，着力解决一些基层党组织弱化、虚化、边缘化问题。对于基层党建的目的性，一定要明确，基层党建自身不是目的，其目的是通过基层党的工作，凝聚人心，推进国家繁荣，实现中华民族伟大复兴的目标。党的工作的覆盖，不等于组织形式的覆盖。党组织的适当覆盖是必要的，但覆盖的目的不是要追求一个百分比，更不是把组织覆盖本身作为目的，甚至以为覆盖便等于解决了基层党建问题。

关于基层党建工作的几点建议

国防大学马克思主义研究所副所长、教授　王玉周

党的基层组织是党在社会基层组织中的战斗堡垒，是党的全部工作和战斗力的基础。参加“云南社科专家大理行”调研咨询活动，我主要关注大理州的基层党建问题。通过对大理、祥云、宾川一市两县的调研，我强烈地感受到，大理州基层党建工作成效显著，基层党组织的领导核心作用和党员的先锋模范作用发挥充分。但我也注意到，基层党建工作中存在一些突出问题，比如怎样在工作实际中防止基层党建边缘化，怎样使基层党建与中心工作更好地融合，怎样发挥好基层党建在解决社会矛盾中的作用等，还要下大力气解决。面对新形势、新任务，进一步抓好大理州的基层党建工作，我有三点建议：

一、不断探索基层党建工作的载体

载体是实现目标的重要手段。要找到与人民群众生活密切相关的具体利益问题，把人民群众关注的眼前利益和具体利益落实好，把人民群众需要解决的问题当作党建工作的有效载体。通过解决具体问题来建立党与人民群众之间的密切联系，让党建工作看得见、摸得着、感受得到，让党员有干头，群众有看头，干好有甜头，使党建工作充满活力。

要深化“环洱海党建长廊”建设，进一步强化以基层党组织为龙头、党员作表率、干群齐参与的工作格局。要充分发挥湾桥镇古生村等一批乡村旅游、花卉种植、民族工艺品加工、绿色生态经济、民俗技艺展示的示范村的示范作用，扶持产业发展示范户、科技应用示范户、生态绿化示范户、脱贫致富示范户。在社区，要以“五民五心”活动为抓手，认真落实“三有一化”，切实转变服务方式，增强社区党建工作的影响力和渗透力。在农村，要扶持村级集体经济“空壳村”和薄弱村发展村级集体经济项目，不断提升农村党组织的服务能力。

二、充分发挥基层党组织的政治功能

党的十九大报告明确指出，要以提升组织力为重点，突出政治功能，把企业、农村、机关、学校、科研院所、街道社区、社会组织等基层党组织建设成为宣传党的主张、贯彻党的决定、领导基层治理、团结动员群众、推动改革发展的坚强战斗堡垒。

农村地广人稀，群众居住分散，交通不便，党支部基本设在村民小组，基层党员群众生产生活主要以村民小组为单位开展。基于此，要集中推进村民小组活动场所建设，力争实现村民小组活动场所全覆盖，有效解决农村党支部民主议事难、党员教育难、科技培训难、民事调解难等问题。要按照“四室一厅一中心”和“十有”的标准，把社区活动场所建成党员活动中心、居民议事中心、技能培训中心、文化娱乐中心和便民服务中心，成为团结群众、凝聚人心的重要阵地。

要不断提高基层党组织推动社会协商民主的能力。通过定期召开群众大会等形式，就农村产业发展、农民群众关心的问题，讨论村委会下一步要做什么，党支部有什么样的想法，广泛征求村民或党员代表的意见。拓展党的基层民主的功能，建立党员对人民群众的利益诉求和表达及时作出回应的渠道和机制，把来自于基层社会的利益表达通过党的组织渠道，反映给上级党委和政府。

要强化社区党组织的作用。全面推行党组织兼职委员制，聘请驻区单位、物业公司、业主委员会的党员负责人为兼职委员，对需要协调解决的大事、关系民生福祉的实事、基层无力解决的难事进行共议共商，不断增强社区党组织的凝聚力和战斗力。充分发挥党员干部和基层党组织在推进旧城改造、交通治拥解堵、环境卫生整治等工作中的先锋模范作用。着力解决涉及人民群众切身利益的教育、就业、社会保障、医疗、住房、环境卫生、交通出行等问题。着力解决人民群众最关注的生态环境、食品药品安全、安全生产、社会治安、征地拆迁等问题，为群众解难事、办好事。

三、不断创新基层党建工作的方式

要进一步对基层社会进行整合，灵活地建立流动的、短期性的党组织，真正做到“哪里有党员，哪里就要有党组织”。深化“支部＋专业合作社、协会、商会、企业”等模式，加大在非公有制经济组织和社会组织、农民专业合作组织中组建党组织力度。巩固和提升基层党建示范点辐射带动作用，以创促建、以点带面，切实提升各行业各领域党组织的服务水平。通过组织共建、党员齐管、联谊互动等方式，带动工会、共青团、妇联等群团组织建设，努力构建以城带乡、资源共享、优势互补、协调发展的党建工作新格局。

要建立科学合理的基层党建效果评估机制，做到“哪里有党的基层组织，哪里就要发挥有效的功能”。切实加强对新农村建设指导员、常务书记、大学生村干部“三支队伍”的管理作用，建立以当地干部为主体，以“三支队伍”等外来干部为补充的基层服务队伍。进一步健全民情日记、工作日志等制度，完善驻村工作台账，推行“亮身份、亮电话、亮承诺、评业绩”的“三亮一评”机制，推动基层干部实实在在为群众办实事、解难题。建立科学合理的基层党建工作考核评价体系，分类制定年度党建目标管理责任书，实行基层党委书记抓党建工作情况专项述职制度，扎实抓好党组织分类定级工作，形成一级抓一级、层层抓落实的党建工作机制。

要立足少数民族众多、民族文化浓厚的实际，把民族文化活动开展、民族民间文化的传承与保护和党组织建设有机结合起来，通过开展丰富多彩的民族民间文化活动等多种形式，教育党员，宣传政策，激发各族群众对美好生活的追求和向往，凝聚社会主义新农村建设的强大力量。

总之，当前要以贯彻落实党的十九大精神为契机，积极推进基层党建工作的改革创新，建强、建实、建好基层战斗堡垒。各级党组织要把抓落实作为一项政治要求、纪律要求，凡是中央和各级党委有明确政策规定的，凡是认准的、定下来的重要事项，就要盯住不放，全力去抓，真正做到抓有所成、抓有所进，把基层党建工作提高到一个新的水平。

实现农村基层党组织务实有为

中共永平县委常委、县委宣传部部长　万国萍

党的十九大报告指出："党的基层组织是确保党的路线、方针、政策和决策部署贯彻落实的基础。"由此可见，抓好党的基层组织建设非常重要，正所谓"基础不牢，地动山摇"，加强和改进农村基层党组织更是抓好三农工作的关键。但农村基层党组织作为党建工作的网底，一直以来存在一些认识上的"误区"和工作上的"盲区"。有的农村基层党组织班子软弱涣散，缺乏凝聚力和号召力，作用发挥不明显；有的基层党组织班子认为抓基层党建是在做虚功，是软活路，缺乏创新活力；有的认为抓党建工作不像抓经济工作那样可以立竿见影，把工作的重点放在抓经济上而忽略了党建工作。正是由于这些思想上的偏差和工作上的不到位，致使农村基层党建工作犹如浮萍，飘于面上；或搞"材料党建"，应付了事；或干脆原地打转，停滞不前。如何改变这一现状，彻底消除党建与发展"两张皮"的怪象，扭转方向盘，牵住牛鼻子，打好组合拳，使二者能够和谐共振，并肩前行，笔者认为重点要抓好这五个方面的工作。

一、班子建设是关键

村级党组织是党在中国最广大农村的执政根基和最基层的战斗堡垒，基层党组织领导班子是基层工作的"火车头"，是带领群众奔小康，实现共同富裕的"领头雁"。加强基层党组织领导班子建设是基层党组织工作的重点内容，必须始终作为基层党组织队伍建设的重中之重去抓实抓好。所以，要加强农村基层服务型党组织建设，就要从实际出发，着眼当前，谋划长远，通盘考虑，下大力气解决农村党组织书记"人难选、无人选"问题。通过正确的用人导向和合理待遇稳定人才，使他们感觉到当基层干部政治上有"奔头"，经济上有"甜头"，工作起来有"劲头"，改变以往基层干部"人在曹营，心在汉"的局面，打心底把基层党建工作当成自己的主业，心无旁骛、全力以赴地种好

自己的“责任田”。

二、强化服务是根本

农村基层服务型党组织的一个核心理念就是服务，这就要求基层党组织把“服务”作为开展工作的出发点和落脚点。要求农村基层党组织班子成员牢固树立全心全意为人民服务的工作理念，深入开展“不忘初心，牢记使命”主题教育活动，在服务中解决群众需求，引导教育群众不等、不靠、不要，发挥主体作用，积极投身脱贫攻坚主战场。全体农村党员干部要严格按照党员标准要求自己，充分发挥示范带动作用，自觉服务群众，帮助群众，带领群众致富奔小康。

三、阵地建设是助力

阵地在组织工作中的影响力不可小觑，村级阵地是基层党组织的战斗堡垒，是干群之间的情感纽带，更是社会主义发展的坚实基础。加强农村基层服务型党组织阵地建设，重点就是要充分发挥村级组织活动场所的作用，定期不定期召开党员大会，组织一些党员喜欢的、参与性高的活动，通过活动，加强党员之间的沟通交流，进一步增强基层党组织的凝聚力和战斗力。要立足群众想致富的愿望，给群众搭建一些平台，邀请各类农业专家前来传授农业知识，让百姓在学习中潜移默化地感受党组织对自己的关心。

四、队伍建设是基础

要加大在农村“明白人”“带头人”特别是中青年农民中培养和发展党员的力度，着力解决农村“三个党员四颗牙”的问题，及时补充新鲜血液，壮大党员队伍，增强生机活力。严格落实“三会一课”、民主评议党员等基本制度，真正用好用活党员现代远程教育网络，发挥好“农家书屋”的作用，多进一些和百姓生活息息相关的书籍，如农业知识、技能书本，切实加强对农村党员的教育培训力度。稳妥慎重处置不合格党员，保持农村党员队伍的先进性和纯洁性。认真落实好农村老党员生活补贴定期发放制度，关心和爱护农村老党员，增强农村党员的责任感和光荣感。

五、监管动态是保障

要认真贯彻落实习近平“纠正‘四风’不能止步，作风建设永远在路上”

的重要指示精神，进一步树牢“四个意识”，坚决反对“四风”，落实八项规定，把规矩和纪律挺在前面。要建立健全相关制度，严格发展党员程序，严把“入口关”，提高农村党员的整体素质。农村基层党组织班子要带头执行好民主集中制，听取广大党员的意见和建议，自觉接受群众的监督。村民要发扬主人翁精神，发挥监督作用，在发生可能造成组织损害的事件之前，把危险消灭在萌芽状态；组织部门和挂钩部门的干部要积极置身到村级组织建设当中来，采用动态的监督方式，如实地走访、电话抽查、不定期调阅材料的方式，加大对村级组织建设的监管力度，在监管之余，也要经常参与村级阵地活动，把自己放在基层第一线，有力拉近干群之间的距离，让百姓更愿意参与党组织建设。

总之，农村基层党建工作是一项系统工程，不可能一蹴而就，毕其功于一役，求一时之效。逆水行舟，一篙不可放缓。必须坚持抓常、抓细、抓长，锲而不舍，久久为功。做好农村基层党建工作，绝不能搞“王小二过年，一年不如一年”的消极应付，更不能用就党建抓党建的老传统、老办法来解决实际工作中遇到的困难和问题。而是要结合农村实际，找准问题核心，对症下药，只有这样，农村基层服务型党组织建设工作才能见成效，我们党的执政基础才能更加牢固。

全面提升农村基层党组织组织力

中共大理州委党校马列教研室主任　何光学

习近平同志在党的十九大报告中指出：“要以提升组织力为重点，突出政治功能，把企业、农村、机关、学校、科研院所、街道社区、社会组织等基层党组织建设成为宣传党的主张、贯彻党的决定、领导基层治理、团结动员群众、推动改革发展的坚强战斗堡垒。”这一重要论述对党的农村基层组织建设提出了新任务、新要求，为全面加强农村基层党组织建设指明了方向，提供了规范。组织力是组织生命力的具体体现。组织力就是基层党组织凭借自身的组织体系和组织资源，对社会进行引导、整合和动员的能力。基层党组织组织力强弱直接关系到党的创造力、凝聚力、战斗力、领导力和号召力，对党执政兴邦具有重要影响。

一、大理州农村基层党组织组织力建设的现状

近年来，大理州紧紧围绕基本组织、基本队伍、基本制度、基本活动、基本保障五个重点，制定农村基层党组织规范化建设任务清单，明确具体内容、标准和要求，统筹推进全州农村基层党组织规范化建设，持续形成常态长效，着力实现基层党组织有人管事、有钱办事、有章理事、有场所议事，夯实党在农村的执政基础，为加快全州农村经济社会发展提供坚强的组织保障。

（1）村“两委”班子整体结构明显优化，整体素质得到提升。通过“选优”实现了“配强”，换届后村“两委”班子整体结构明显优化，学历层次全面提升。初中及以下学历比例本届为59.38%，比上届下降4.5个百分点；大专及以上文化程度本届为10.68%，同比增长5.4个百分点；有3名研究生进入村级班子，后备力量得到充实。

（2）充分整合州、县两级财政资金，全面推进自然村、村民小组党支部活动场所建设，建成活动场所5689个，率先在全省实现全覆盖。

（3）实施“互联网+党建”行动计划，共建成综合服务平台1285个，覆

盖所有乡镇和行政村，83 项为民服务事项统一进驻平台，办理便民事项 35 万件，着力解决联系服务群众“最后一公里”问题。

（4）大力发展壮大村级集体经济。充分发挥股份合作经济的杠杆作用，整合资源，盘活资产，大力发展壮大村级集体经济。近两年大理州共消除“空壳村”378 个，实现“空壳村”全部消除目标。

二、大理州农村基层党组织组织力建设中存在的问题

（1）农村基层党组织的政治功能弱化，有的农村基层党员和干部理想信念动摇，忧党护党意识不强。党支部组织生活不经常、不认真、不严肃的问题比较普遍，脱离群众，落实党的群众路线不力，不敢教育群众、引导群众。政治功能和服务功能的辩证统一关系理解不深，把握不准，把“战斗堡垒”变成“服务窗口”，一些服务甚至成了迎合上级领导口味和宣传需求的“作秀”。

（2）村“两委”班子整体素质不高，不能有效适应市场经济发展要求。2016 年换届后，大理州村“两委”班子整体素质虽然有所改善，但村“两委”班子文化程度仍然偏低，初中及以下学历比例为 59.38%。

（3）农村党员结构失衡，年龄老化现象突出，后备干部储备不足。2016 年，全州有党员 189423 名，从年龄结构来看，30 岁及以下的党员有 27558 名，占总数的 14.55%；31～35 岁的党员有 18119 名，占总数的 9.57%；36～40 岁的党员有 22892 名，占总数的 12.09%；41～45 岁的党员有 24317 名，占总数的 12.84%。从职业上看，农民党员 100664 名，占总数的 53.14%，机关干部党员 20456 名，占总数的 10.80%；工人党员 8125 名，占总数的 4.29%。从文化程度上看，具有初中及以下文化程度的为 89543 名，占总数的 47.27%；高中文化程度为 20636 名，占总数的 10.89%；中专文化程度为 15620 名，占总数的 8.25%；大专文化程度为 28238 名，占总数的 14.91%；大学本科文化程度为 34027 名，占总数的 17.97%；研究生文化程度为 1359 名，占总数的 0.71%。党员队伍整体素质不高，特别是农村比较突出，大多数中青年劳力外出务工，留守在家的以妇女、老人和小孩为主，造成农村基层党组织出现年龄老化、缺乏新鲜血液的现象，这给基层党组织建设带来了严重的不良后果。

（4）部分农村基层党组织设置不科学，不能适应脱贫攻坚项目规模化的发展要求和农村党员流动性增强的管理需求。村集体经济薄弱，党组织凝聚力和号召力弱化。部分基层党组织服务意识和责任意识不强。

三、全面提升大理州农村基层党组织组织力的对策

（1）加强农村基层党组织的政治建设，进一步强化政治功能，这是提升农村基层党组织组织力的基础和关键。党的农村基层组织是政治组织，政治功能是第一位的功能。组织力强不强，根本看政治功能发挥得好不好。坚持把党的政治建设摆在首位、落到基层，通过经常性教育和集中性教育相结合，持续深入推进“两学一做”学习教育常态化、制度化，组织农村广大党员、干部深入学习习近平新时代中国特色社会主义思想，坚定理想信念，加强党性修养，强化“四个意识”，增强“四个自信”，坚定不移地在思想上、政治上、行动上同以习近平同志为核心的党中央保持高度一致，坚持和健全农村重大事项、重要问题、重要工作由党组织讨论决定的机制，完善党组织实施有效领导，其他各类组织按照法律和各自章程开展工作的运行机制，坚决防止村级党组织弱化、虚化、边缘化现象。

（2）立足于主体作用的发挥，加强农村基层党组织干部队伍建设，这是农村基层党组织组织力提升的主体支撑。一是切实加强乡镇领导班子建设。二是多举措并举选好建强村党组织书记队伍。注重在农村致富带头人、优秀大学生村干部、复退军人、返乡农民工中选拔一批具有致富带富能力的优秀党员人才进入村党组织书记的行列。三是加强村级干部后备力量建设，每个贫困村确定1～2名村级后备力量进行培养，重点培养35岁以下优秀村民小组长、致富带头人、回乡大中专毕业生、外出务工返乡人员、退伍军人。四是管好用好“第一书记”。抓好“第一书记”队伍，强化“第一书记”的管理考核。

（3）创新农村基层党组织的设置方式。要立足于农村经济发展方式的变化和人员流动的特点，坚持有利于加强党员教育管理、有利于发挥党的领导作用、有利于巩固党的执政地位的原则，以产业分类为主要依据，进一步扩大专业党组织的覆盖面，积极推动基层党组织在思想观念、工作方法、活动方式上的转变，形成新的工作运行机制，真正做到产业发展到哪里党组织就建到哪里，哪里有群众哪里就有党的工作，哪里有党员哪里就有党的组织，哪里有党组织哪里就有健全的组织生活和坚强的战斗力。要完善村村联建、村企联建、村居联建等党组织设置形式，加强农民专业合作社、专业协会、产业链等组织建设。

（4）提升农村基层党组织的组织力，要高度重视发挥党支部作用。党支

部是党的基础组织，是党组织开展工作的基本单元。党的十九大报告指出：“党支部要担负好直接教育党员、管理党员、监督党员和组织群众、宣传群众、凝聚群众、服务群众的职责。”只有党支部把身边的党员、群众组织起来，党才能有凝聚力、战斗力、号召力。落实党支部职责，加强党支部建设，必须坚持一切工作到支部的鲜明导向，推动全面从严治党向支部延伸，通过严肃认真的党内政治生活，切实把党支部建成宣传党的主张、贯彻党的决定、领导基层治理、团结动员群众、推动改革发展的坚强战斗堡垒。严格执行“三会一课”、组织生活会、谈心谈话、民主评议党员等制度，以党规党纪规范党员行为，对出现的问题抓早抓小，引导党员做到政治合格、执行纪律合格、品德合格、发挥作用合格。对发生在群众身边的优亲厚友、吃拿卡要、执法不公、小官巨腐、宗族宗教势力干扰、“村霸”等不正之风和违纪违法问题，坚决整治，严肃查处。

（5）立足于社会需求的新变化和新特点，进一步突出服务功能，这是提升农村基层党组织组织力的现实需要。把基层服务型党组织建设与脱贫攻坚结合起来，充分发挥综合平台作用，推动便民服务事项进平台，实现贫困地区群众办事不出村。

（6）抓党建促脱贫攻坚，把党的政治优势、组织优势转化为发展优势。要建好建强贫困村党组织，大力整顿软弱涣散村级班子，配齐配强党组织书记，夯实贫困地区基层党组织建设基础，发展壮大薄弱村、空壳村集体经济，引导和帮助党员带头致富、带领致富，把党组织建设成为脱贫攻坚的战斗堡垒。

洱海保护

洱海水环境形势及保护治理对策

中国环境科学院研究员　储昭升

2017年以来，大理州委、州政府深入贯彻落实习近平同志对洱海保护重要指示精神和云南省委、省政府关于采取断然措施开启抢救模式保护治理洱海的要求，紧紧围绕“稳定水质、持续向好”的目标，全力实施“七大行动”。全年洱海流域共关停餐饮客栈等经营户2498家（大理市1900家、洱源县598家），有效控制了环湖旅游污染；完成古城片区污水溢流池及古城至下关应急性压力污水管建设工程，有效控制古城区雨季污水溢流问题；建成农户化粪池6万余个、20个沿湖村落污水处理设施，新增污水处理能力达3200立方米/日，并且全面开展村落沟渠整治和131个应急性库塘建设，有效地削减了村落面源污染；开展无序取水整治，封堵苍山十八溪农业灌溉取水口106个，农田过渡灌溉造成面源污染有效控制，且河流清水入湖补给量增加约2000万平方米；建成各类湿地约2万亩等，流域生态屏障进一步加强，洱海抢救性保护“七大行动”取得成效。然而，由于抢救性保护工程建成期总体较短，且环湖截污一期工程（包括北干渠截污工程）、环湖截污二期工程、入湖河道综合治理、湖滨缓冲带与湿地建设、海西高效节水减排工程等“十三五”五大主体工程尚未完工，工程效益尚未发挥，洱海流域水环境质量改善效果仍不明显。

一、2017年洱海流域水环境形势

（一）2017年洱海总氮升高，达到2010年后的最高水平，总磷仍维持在高浓度水平

2017年，洱海水质总体为Ⅲ类，主要超标指标为TN及TP，TN年均值为0.55mg/L，TP年均值为0.028mg/L。与2016年相比，2017年洱海TN浓度均值略有上升（上升2.56%），但在9～10月份较2016年同期增长明显（上升12.1%）；2017年洱海TP浓度均值与2016年相比变化不大（下降3.5%），仍几乎维持在近10年来的最高水平。2017年洱海控断面284的TN浓度较2016

年变化不大，TP 较 2016 年降低 2.6%。

（二）2017 年洱海未发生大规模蓝藻水华，但洱海藻量增加，类群发生变化

2017 年藻类叶绿素 a 年均值为 16.9mg/m^3（中国环科院监测），达到 2003 年后的最高水平，较 2016 年增长 22.7%；藻类生物量年均值为 3.36mg/L（藻细胞数 1266 万个/升），较 2016 年增长 59.5%（藻细胞数增长 37.8%），特别是 9 月份生物量较 2016 年同期增长 75.2%。2016 年藻类结构春季以直链藻（硅藻）为优势种，夏秋季以微囊藻（蓝藻）及暗丝藻（绿藻）为优势种；2017 年春夏季以转板藻为优势种，秋冬季转变以丝状蓝藻拟柱孢藻为优势种。值得关注的是洱海在水华高风险期种类由 2016 年的颗粒状的微囊藻变为丝状的拟柱孢藻，虽然未出现规模化藻华，但水体中藻类生物量增加较多。

（三）洱海入湖河（沟）流水质未根本改善

2017 年洱海主要入湖河流水质仍未明显改善，洱海 29 条主要入湖河流 TN 均值较 2016 年下降 4.59%，西部 19 条河溪 TN 浓度较 2016 年增加 0.42%。西南部莫残溪、白鹤溪、桃溪及南部波罗江的 TN 浓度较 2016 年分别增加 1.61%、3.42%、5.45% 及 0.33%，中部隐仙溪、双鸳溪、白石溪及灵泉溪的 TN 浓度较 2016 年分别增加 3.93%、9.09%、9.09% 及 4.63%；西北部万花溪、霞移溪及棕树河 TN 浓度较 2016 年均增加 9.09%；北部入湖河流 TN 浓度较 2016 年减小。29 条入湖河流 TP 浓度较 2016 年下降 2.38%，其中西部 19 溪的 TP 浓度较 2016 年降低 10.73%，但其中隐仙溪、双鸳溪及白石溪 TP 浓度较 2016 年分别增加 31.83%、21.93% 及 15.60%；北三江及西闸河 TP 浓度较 2016 年增加 16.49%，其中罗时江及永安江 TP 较 2016 年分别增加 26.93%、73.48%。

二、2017 年洱海流域水环境变化原因分析

2017 年一系类抢救性行动取得了实效，也使流域污染源结构也发生了明显的变化。特别是环湖餐饮客栈的关停、古城等应急性截污及管网排查、村落应急性库塘建设及沟渠清理、农田水系管理等措施对环湖旅游污染、城镇生活和村落生活和农田面源污染削减突出；但同时城镇化扩张、村落生活水平提高、农田蔬菜和大蒜等种植增加以及大范围施工使水土流失增强，也使流域污染产生量也在快速增加。以 2015 年为基准估算，2017 年，洱海流域污染入湖

负荷仍处较高水平，其中化学需氧量约10432吨、总氮约2003吨、总磷约136吨、氨氮约367吨。与2016年相比，入湖污染物结构发生变化，其中氨氮、化学需氧量和总磷入湖负荷下降分别约20%、12%和12%，总氮入湖负荷降低不明显，仅为3%。同时农田面源、农村生活源和城镇生活源（含服务业）的比重增加，为主要入湖污染来源。TN入湖负荷中3类污染源比例分别为29%、23%和19%；TP入湖负荷中3类污染源比例分别为22%、24%和21%，特别是农田面源总氮入湖负荷增加突出；环湖旅游及畜禽养殖比重下降，TN入湖负荷比例下降至14%和1%，总磷入湖负荷比例下降至16%和2%。流域污染源结构变化导致入湖污染物结构氮磷比例发生明显变化，尤其是农田高施肥作物种植季节，对洱海水质影响较大。

三、持续改善洱海水质的对策建议

（一）加快农田种植结构调整，近期以农田区块化管理降低农田氮磷流失

加大农田流转及种植结构调整的支持力度；大幅减少蔬菜及大蒜的种植面积，特别是环湖区域种植面积；加强传统氮磷流失率低的水稻及蚕豆种植结构的扶持力度。建议在海西片区大丽路以下农田恢复种植水稻，不仅可以降低该区域农田面源排放量，还可以有效调蓄，削减上游农田径流量，减少入湖污染负荷。

在近期种植结构变化不大的情况下，建议采用农田区块化管理模式，特别是环湖蔬菜和大蒜种植区。即按照灌溉和排水特点，将农田划分为500～2000亩的种植区块。每个区块外围加高边界，封堵原有分散取水口和排水口，只设1～2个灌溉取水口和排水口，统一灌溉和排水管理，大幅降低农田暴雨径流流失。

（二）加强对环湖截污等重大工程的质量监控和绩效评估，确保工程效益高效发挥

洱海流域环湖截污PPP项目对洱海保护治理有重要作用，污水管网是否能收集到真正的污水是洱海保护的关键。建议加强环湖截污工程建设的质量过程监控，建议以污水收集量和污水浓度分区评估截污效率。以过程监控和效益评估督促工程质量，确保工程效益高效发挥。

（三）加大老城区污水管网改造强度，强化雨期管网污水溢流控制

持续加强对古城、下关北、凤仪等老城区的污水管网改造，开展污水管网

错接、漏接、破损、渗漏全面排查，纠正错接、漏接管网，强化暴雨期老城区管网污水溢流控制。

（四）加强洱海流域低污染水调度和配置

统筹协调洱海流域生态库塘体系，包括东湖湿地等大型湿地，强化其对暴雨起初低污染水调蓄净化；统筹北三江流域茈碧湖、西湖、东湖的水质水量联合调度，充分发挥其对洱海的保护作用。

（五）加强洱海水生植物恢复，并强化与洱海水位调控的协调

建议在洱海春季低水位、高透明度期（3～4 月）强化沉水植物恢复的力度，采取播撒苦草、黑藻等水生植物种芽、繁殖体的方式，扩增其在水下生长深度，提升洱海水生植物覆盖度。

加强洱海保护工作的几点建议

云南省人大常委会环境与资源保护工作委员会法规处处长　朱　江

洱海，云南第二大淡水湖。2015 年 1 月，习近平同志到洱海提出了“一定要把洱海保护好，立此存照，过几年再来，希望水更干净清澈”的期望，加之社会广泛关注，保护治理成效一直是全国关注的热点。我非常荣幸，能参加“云南社科专家大理行”专家咨询活动，再次来到洱海。通过几天的实地调研，让我深深感到，大理州各级党委、政府高度重视洱海保护治理，“晚上睡不着觉，白天干不完活。只要能想到能做到的方法，都用上了”。这几句话，可以真实反映出洱海保护工作的现状。我作为一个从事多年环保工作的同志，最想说的话是“大理洱海保护工作真了不起”。

一、大理洱海保护模式一枝独秀

大理州始终牢记习近平同志“一定要把洱海保护好，让‘苍山不墨千秋画，洱海无弦万古琴’的自然美景永驻人间”的殷殷嘱托，坚决按照云南省委、省政府“采取断然措施、开启抢救模式”的部署要求，坚持“山水林田湖”综合治理，全力推进洱海保护治理“七大行动”。保护工作突出体现在以下几个方面：

一是坚持依法治海，把强化法治作为洱海保护治理的基础。习近平同志强调，要从法律制度上保障生态红线，把良好生态系统尽可能保护起来。大理州是我省生态文明建设地方立法的先进地区，制定了《大理白族自治州洱海保护管理条例》《大理白族自治州苍山保护管理条例》《大理白族自治州洱海海西保护条例》《大理白族自治州湿地保护条例》《大理白族自治州风景名胜区管理条例》《大理白族自治州水资源保护管理条例》《大理历史文化名城保护条例》《大理白族自治州村庄规划建设管理条例》《大理白族自治州旅游条例》等单行条例，大理州第一部地方性法规《大理州乡村清洁条例》颁布施行。1988 年制定的洱海管理条例是我省第一个单行条例，实施 20 多年来，根据洱海保护工作需要，三次修订完善了条例，调整了行政区划，提高了洱海生态用水水位，实施湖泊水资源统一综合调度，实施“两取消”“三退三还”、全面“禁磷”和“禁白”等强制性措施，划定了“三条红线”，使洱海保护治理基本实现了统一管理、综合执法，立法促使洱海治理从“一湖之治”到“流域之治”再到“生态之治”转变。新修订条例于2014年6月1日实施四年多来，大理州进一步健全管理机构，完善流域部门协调联运综合执法工作机制，“三条红线”洱海界桩范围线、湖滨带保护范围线和西岸禁建线划定布桩基本完成，编制了新一轮“三退三还”初步方案。在州和流域县（市）法院、检察院、公安局增设了负责环境保护工作的机构，在16个乡（镇）派出所加挂洱海流域保护治安中队牌子，建立部门间协调联动、综合执法工作机制，全面加强执法队伍建设，加大执法力度，保证洱海保护治理工作在法治轨道上有力推进。

二是坚持科学治海，把依靠科学作为洱海保护治理的关键。强调以科学的态度，用科学的方法，统筹兼顾，循序渐进，治理洱海，保证洱海保护治理工作不断取得实效。制定出台《洱海绿色流域建设与水污染防治规划（2003—2030）》，先后编制实施《大理生态州建设规划（2009—2020年）》《大理州主体功能区和生态文明建设规划》《云南洱海绿色流域建设与水污染防治规划（2009—2030年）》等重大发展规划，覆盖州域—流域—城镇—乡村的生态文明建设规划体系不断完善。组建“洱海湖泊研究中心”，聘请世界各地知名湖泊治理专家，开展湖泊富营养化等方面的关键技术研究，用科学成果指导保护治理工作。2012年5月，洱海保护治理中“减源、截污、修复、再利用”控制面源污染的做法，得到了中共中央政治局常委、国务院总理李克强的充分肯定。

三是坚持全民参与，把依靠人民作为洱海保护治理的法宝。坚持“走群众路线，密切联系群众，充分发动群众”，从群众切身利益着手宣传洱海保护治理，把“洱海清，大理兴”与群众利益紧密联系起来，比如封海期间吸收群众参与保护行动，给予适当报酬，保证群众收入不降低；湿地公园和环洱海生态走廊建设与改善民生结合，都是很好的工作亮点，值得认真总结。村落污水处理成本低、技术新，治理效果好，只要每家每户都行动起来，洱海保护真正由政府的事变成群众自己的事，洱海保护治理就会有了不起的进步。

四是不断创新机制，把完善体制机制作为洱海保护治理的重要抓手。大理州在洱海保护治理中十分重视体制机制创新，比如创新管理体制，让整个洱海由大理市统一负责管理；洱海流域由州、县（市）设保护局管理。比如创新责任机制，实行州、市（县）、乡（镇）、村党政领导班子层层负责制及部门责任制，搞“河长制”“环境管理风险抵押金制度”，将洱海保护纳入干部政绩考核，实行一票否决。在七大行动中，大理州成立了州、县、市指挥部和工作组，组建16支驻乡镇工作队，建立洱海抢救性保护行动科研团队和专家咨询体系及三级督察体系、五级河长体系。再比如创新投融资机制，大理通过提高水资源费收取标准、在全省率先采用BOT等方式，实施了一大批水污染综合防治项目，逐步建立起投资主体多元化、社会化的治理投入模式。探索和实施了流域生态补偿机制，地区补偿、企业补偿、农户补偿和上下游补偿联动，调动了群众保护积极性。这些创新有效推动了政策举措和工作的落实。

尤其值得提的是，目前正在全力实施洱海保护治理与流域生态建设“十三五”规划，大力开展洱海保护治理抢救模式“七大行动”，在这一场没有硝烟的洱海保护攻坚战中，做到了“四个前所未有”：洱海保护领导重视程度前所未有，干部群众推进力度前所未有，执法力度前所未有，追责问责力度前所未有。成绩也是显著的：洱海水质连续9年保持在II类和III类，五年来洱海水质总体稳定保持Ⅲ类，2017年洱海全湖水质1~5月为Ⅱ类，6~8月为Ⅲ类。洱海流域生态环境得到明显改善。主要入湖河流水质明显改善，湖内水生态发生了积极变化，蓝藻防控总体平稳。

洱海流域成为贯彻落实“水十条”的样板，也是大理州贯彻十九大精神和习近平同志生态文明建设新思想、新理念的生动实践。保护经验在全国及国际湖泊保护上具有可借鉴、可复制意义，被誉为“北塞罕坝、南洱海”。

二、洱海保护存在的几个问题

我们这次调研不仅看到成绩，也看到洱海水污染防治工作任务仍很艰巨，丝毫不能松懈。从目前情况和未来发展看，洱海保护形势仍不容乐观，洱海水质多年均在Ⅱ类与Ⅲ类之间变动，2006年以来，45个月达到Ⅱ类，其余为Ⅲ类。1996年和2013年洱海两次暴发蓝藻。应当说洱海现在处于富营养化初期、关键转型期、保护治理的重要“拐点”时期。严峻的形势让我们不能不深入研究和调整治理思路，加快治理步伐，才能逐步改善水质，必须高度重视以下问题：

（一）洱海流域经济社会快速发展和洱海环境保护之间的矛盾突出

首先，大理市作为云南省滇西中心城市，在实施城镇化发展战略中占有重要位置。根据“十二五”末大理市要实现70%城镇化率的目标要求，以洱海流域为中心的城镇化建设大力推进，人口规模急速扩张。洱海在城市近郊，流域人口已达80多万。而据专家研究，按照洱海流域环境容量与水环境承载能力，全流域只能容纳50万人。我们这次看到，过去荒芜的海东变成了新城，高楼林立，人口向湖边高速集中，势必会新增大量污水、垃圾的排放，这些开发活动让洱海流域环境承载力与城市发展间的矛盾更加突出。其次，环湖旅游业迅猛发展，以双廊为代表的环洱海客栈、餐饮等旅游服务业，相当一部分发展粗放，规划滞后，违章乱建突出，污水治理工程进展缓慢，一些生活污水、垃圾未得到有效处理，直接排入洱海的现象时有发生。洱海流域内高强度城市开发和环湖旅游业“井喷式”发展让洱海保护压力巨大，与减少流域污染排放，保护水质的治理思路不符。

（二）供水需求与保障自身生态用水之间存在矛盾

洱海承担着当地城市农村的大量生产生活用水供给，支撑着流域社会经济的高速发展。但是洱海流域总体上属缺水地区，人均水资源量低于我国人均水平。1958年以来，洱海多年平均入湖水量为7.4亿立方米。2007年以来，平均入湖水量每年仅为4.43亿立方米。连年的云南大旱更是让洱海雪上加霜，6年来入湖水量偏少六成。2014年，年入湖水量仅为1.94亿立方米。苍山十八溪有180多个随意而无序的取水点，几乎用掉90%的清水，导致一半以上溪流常年处在断流状态。洱海进水量严重不足，已成为造成水体富营养化和水华频发的重要原因之一。

（三）洱海水污染防治规划治理目标任务艰巨

由于治理资金投入不足，多元化、多渠道筹集治理资金的办法不多，截至“十二五”末，洱海保护治理规划项目49项，实际仅完工29项，完工率59%，未达到目标责任书规定的95%的目标。特别是污水收集处理设施、截污管网、生态湿地、沟渠整治及清水产流机制修复等重点工程均未完成。如截污治污基础设施规划建设滞后，环洱海截污治污工程正在建设中，中心城区污水处理率不足60%，中心集镇污水处理率不足40%。主要入湖河流水质情况不容乐观，根据监测，2016年洱海全湖水质类别符合Ⅲ类，未达到水环境功能要求（Ⅱ类），总磷、总氮项目超标；同时，由于苍山十八溪清水被大量截留，导致严重断流，清水入湖量严重不足，仍然存在暴发蓝藻水华的风险。

（四）面源污染防治难度大

洱海流域属于全省传统的畜牧业主产区，养殖了20多万条猪，虽然采取了畜禽粪的资源化利用、农村村落污水处理设施建设工程，但目前洱海污染源的70%仍然来自农田面源、畜禽养殖、农村生活。（《洱海流域水环境保护治理“十三五”规划》中提到，洱海流域污染主要来源于工业、城镇生活、农村生活、养殖业、农业面源、服务业、水土流失、干湿沉降等。在2014年，畜禽养殖、农村生活和农田面源为主要的污染来源，三者排放的污染负荷量占总负荷量的70%左右）面源污染主要集中在农村，具有种类繁多、产生量大、分布面广、分散弥漫的特点，面源控制的难度和治理效果的滞后性，使得政府管理部门没有真正重视，使得面源污染对水质的影响从量变到了质变。虽然现在逐渐得到了重视，但治理的推进与污染的继续相比仍然显得比较微弱。

三、进一步加强洱海保护的建议

下面就进一步加强洱海保护工作提四点建议：

（一）从调整规范洱海流域经济社会和人口结构着手，建立与湖泊水环境承载力相匹配的发展模式

习近平同志讲：“宁要绿水青山，不要金山银山，而且绿水青山就是金山银山。”洱海是我国第七大淡水湖泊，是我省九大高原湖泊中仅小于滇池的第二大湖泊，既是大理的核心竞争力和魅力所在，也是攸关大理各族人民生存的“母亲湖”。“洱海清，大理兴”，短短6个字，道出了洱海保护治理的重要性。我国水污染防治思路存在一个普遍性问题，就是就水论水，盯着水质做文章，强调用工程与技术手段治污，没有把源头控制、减少污染排放放在首要位置，存在边治理边污染问题。虽然各地政府投入了庞大的资金，但效果却不甚理想。所以建议大理州认真研究，完善治理思路。建议按照十九大“坚持绿色发展，着力改善生态环境”“实行最严格的水资源管理制度，以水定产、以水定城，建设节水型社会”“水资源要实施总量和强度双控作为约束性指标，建立目标责任制，合理分解落实”等精神，洱海流域城市发展定位、人口规模等诸多因素要与湖泊生态保护治理目标相一致。在水质保护和发展有冲突的时候，应当再思考研究洱海流域发展定位，要算大账，要算生态账，有舍才有得。要依据洱海环境容量和水环境承载力，在调整流域社会、经济、人口发展

模式上下功夫，从源头上控制整个流域的污染物排放量，使其保持在一个与水环境容量、水资源承载力相适应的范围内。要处理好洱海保护与城镇化的关系，科学合理地确定湖泊周边城市发展规模，在规模、强度和节奏上适度控制；科学制定环湖旅游规划，在旅游业布局、项目选择、项目选址、路线设计、游客规模的确定上，要充分考虑湖泊不同区域的环境敏感性，实现旅游产业与湖泊保护的融合发展。当前主要工作是编制并实施好洱海保护与流域经济发展总体规划。新规划要跳出湖泊保护湖泊，不再仅以湖泊水质防治为主要内容，而应当编制成一个将洱海流域经济社会发展规划、城乡规划、土地利用规划、环境规划多规合一的规划。要通过规划进一步调整城镇布局、产业布局和生态安全布局，构建一个与洱海水资源和水环境承载力相适应的发展模式，这才是治本之策。同时，还必须采取一些硬措施真抓实干才能见效。

（二）维护大理州洱海保护管理条例的权威性

立法立得好，执法更要好。习近平同志强调，要牢固树立保护生态环境就是保护生产力、改善生态环境就是发展生产力的理念。要从制度上保障生态红线，把良好生态系统尽可能保护起来。新修订的《洱海保护管理条例》划定了洱海保护的三条生态红线，即洱海 1966 米界桩范围线、界桩外 15 米的海滨带保护线、洱海西岸界桩外 100 米禁建线。什么是红线？红线就是不可逾越、必须遵守的界线。对大理来说，“求生态”就是“求生存”。我们实在承受不起洱海水质出事的后果，这地方那么多人靠的就是洱海水。一定要划好红线，一定要严守红线，严格管理建设项目，在三条红线内禁止新建、改建、扩建建筑物、构筑物。政府要组织力量，对现在湖泊周边的开发建设项目进行严格检查，该停的要停，该拆的要拆，该调整的要调整，该压缩的要压缩，该清退的要清退，做到执法必严、违法必究。要落实好环境保护“一票否决制”和“一岗双责”，在对各级领导干部考核时，环境保护不力者实行一票否决。要实行环境行政执法与司法执法联动，形成震慑破坏生态污染环境违法行为的联合联动机制。还要重视依法立法。2017 年 3 月 31 日，大理市人民政府发布了关于开展洱海流域水生态保护区核心区餐饮客栈服务业专项整治的通告，明确洱海流域水生态保护区核心区洱海海西、海北（上关镇境内）1966 米界桩外延 100 米、洱海东北片区（海东镇、挖色镇、双廊镇境内）环海路临湖一侧和道路外侧路肩外延 30 米、洱海主要入湖河道堤岸两侧各 30 米范围内的所有餐饮、客栈服务业自本通告发布之日起 10 日内一律自行暂停营业。根据新

《中华人民共和国立法法》第八十二条规定，这个暂停营业的规定属于“没有法律、行政法规、地方性法规的依据，地方政府规章不得设定减损公民、法人和其他组织或者增加其义务的规范”。从抢救性保护的角度出发，属于“应当制定地方性法规但条件尚不成熟的，因行政管理迫切需要，可以先制定地方政府规章”的情形，我们是支持的。建议此规章实施满两年需要继续实施所规定的行政措施的，应当提请本级人民代表大会或者常务委员会制定地方性法规。

（三）吸取实施“十二五”洱海保护治理规划的经验和教训，“十三五”规划实施要进一步强化项目的科学研究，提高有限的治理资金的使用效益

只有认真实施并完成洱海水污染防治规划，洱海水质才能改善。“十二五”洱海保护治理规划治理项目实施进度缓慢，规划完成不好的一个重要原因是科学技术支撑不够。这个规划对洱海污染的指标定性的多，定量的少，对水质改变的主要原因的分析说服力不强，治理规划系统性、可行性、有效性有待严格的科学论证。尤其是一些现在已经或准备实施的治理工程，其可行性、预期效果和产生的影响具有不确定因素。建议“十三五”规划实施要增加科技投入，完善监测系统，加强科学研究，为洱海的全面治理和规划目标的实现提供坚实的科学技术支撑。二要研究如何把有限的治理资金用到刀刃上。“十三五”期间洱海保护治理计划需投入资金247亿元，巨大的治理资金对大理财力来说，缺口大，压力大，许多项目实施不了。但同时也要看到，国家和省里的环保投入在“十二五”期间不断增长，“十三五”期间还会加倍增长。我们要重视研究如何把有限的资金用到刀刃上，用在治理污染、直接改善水质的重点项目、关键技术和工程上，要发挥最大的投资效益。不能摊大饼，更不能不重环保效益，让一些对水质改善作用不大的景观、旅游工程等挤占份额。如洱海生态湿地对水质的净化作用很明显，但有的湿地建设存在重景观、轻生态功能的现象。调研组在洱源看到一片湿地，水生植物在冬天都枯萎了，这样的湿地，能有多少对水质的净化作用？

（四）农业面源污染要以农村产业结构调整为核心，变末端治理为源头治理

目前洱海污染源的70%仍然来自农田面源、畜禽养殖、农村生活。我们应该把洱海保护的重点和主要的精力放在主要污染源——农业面源污染上。现在建了几万亩人工湿地，能部分减缓面源污染，但最有效的措施应该是变末端

治理为源头治理，要以农村产业结构调整为核心，大力推广合理施肥，建立生态农业，走循环经济之路。据省环保督察组反馈意见，截至目前，环洱海周边农业种植结构未进行调整，农业面源污染未得到有效控制。建议大理州尽快制订出一套兼顾流域经济、社会发展和湖泊保护的面源污染专项治理方案，逐年加以落实。

洱源县农业面源污染的治理建议

云南省环境科学研究院正高级工程师　白晓华

据有关文献资料，洱源县对农业种植引起的面源污染采取的主要治理措施有以下几个方面：

一、源头控制

推行生态农业，从源头降低农业面源污染的产生和排放量。推行高原特色生态农业发展，减少高耗肥、高耗水农作物种植，加大旱作种植面积。精准施肥，增施有机肥，引导大蒜生态化种植，逐年压缩流域内大蒜种植面积。实施大蒜生态种植区和土壤改良区建设，在邓川镇实施生态大蒜种植 66.67 公顷，采用缓释肥、有机肥进行种植。在邓川右所片区实施 66.67 公顷土壤改良示范区建设，大力推广测土配方、控氮减肥技术，大力推广使用有机肥、农家肥、配方肥和秸秆还田，逐年减少农药化肥施用量。

依照《大理白族自治州水资源管理条例》，制定水资源管理办法。按照“总量控制、以需定供、定额灌溉”的原则，改变大水漫灌的传统灌溉模式。重点实施凤羽镇节水农业示范镇创建，2017 年年底完成凤羽蓝莓庄园高效节水设施建设 200 公顷、凤羽半边天农业合作社高效节水设施建设 46.67 公顷。

二、沿程削减

滨岸缓冲带建设。洱源县在主要河流两侧和湖泊水库周边通过土地流转，在永安江、罗时江、弥苴河下段 3 条主要入湖河流两侧 100 米以及弥茨河、凤羽河等其他支流两侧各 50 米和西湖、茈碧湖、海西海水库周边 100 米建立生态种植隔离带。隔离带内种植低耗水、低耗肥的生态作物，力争实现“一乡一品”的特色生态种植，最终实现经济效益和生态效益共赢。

生态农灌沟渠建设。计划实施 120 千米生态截污沟和 50 个多塘系统湿地建设，以有效解决农田尾水直接进入河流和湖泊的问题。

三、管理机制

洱源县实施“河（段）长制”和“管员制”，以及一年一考核制度、社会监督制度等，提出了“横到边，纵到底”的体制机制改革思路。

四、“一河三湖”保护开发项目

为加强对西湖水生态环境的保护，有效减少西湖岛上村民生活和周边农田尾水带来的污染负荷，实施以西湖为重点的“一河三湖”保护开发项目。完成96公顷西湖国家重要湿地保护与恢复建设工程；加快推进东西湖连接线一级公路建设工程，加快启动环湖公路东线建设，永久固定西湖水域保护边线，有效拦截外围污水直排西湖。

五、进一步“三退三还”

将主要入湖河流两侧各30米、重要湖库周边50米以及径流区面山25°以上坡耕地全部纳入退耕还林还湿还湖范围。

综上，洱源县在全县及西湖流域已采取或计划实施的主要针对农业面源的治理措施，可以在一定程度上降低农业面源的入湖污染量。

今后可以在以下几个方面进一步深化对农业面源的控制：

（一）单元控制，精准治污

基于目前的流域水系灌溉排水渠系以及土地情况，设定控制断面，必要时改变渠系及实施土地整理工程，以形成灌溉给排水的控制单元，并在全流域内，统一划分成若干单元类型。

单元内的土地坡度、肥力接近，适宜种植相同的作物。

（1）单元内鼓励组建合作小组或土地流转，以实施统一的作物选择、施肥、灌溉模式。

（2）对单元间连接点，设立氮磷排放额度控制指标。建立排放观测系统，建立典型断面观测及流域巡测体系，根据土壤养分赋存状态、作物种类及灌溉模式，逐步建立不同类型单元的数据库和排放量控制指标。断面监测及控制指标的确定应具有公开、透明和公正性。

（3）生态补偿机制。鼓励有机农业种植，根据不同类型单元的排放额度，根据排放量的实际测定值确定经济补偿数额或其他扶助措施，或者建立排污量交易机制，政府以经济手段逐步引导农户生产模式向有机农业转变。

（4）县域制定农业种植面源防控机制，设立相应管理条例，从政策、法律、财政支付等方面实施法律和资金保障。

单元控制、精准治污的关键在于充分调动农户环境保护的主动自觉性，提高农户参与度。政府承担基础水利设施、环保监测设施的投入，并保证补偿奖励机制的公正、透明；政府鼓励和动员社会资本参与面源治理；保障农户利益，引入农业生产保险业，以家庭经营为基础，逐步建立符合洱源实际的农业集约化生产组织形式，如农户 + 合作小组 + 公司，通过扩大社会认同使环保型农户得到经济利益保障。

（二）建立农业面源防治的法律制度

农业面源污染治理包括制度、技术和监管三个层面，其中制度是核心，决定着技术实施效率和监管效果。制度主要是法律制度和以此为基础的政策。完善的制度设计是从顶层开始规制农业生产行为，减少污染产生并激发技术和管理创新，提高污染治理效率（王瑞波等，2017）。

涉及农业面源有关的法律主要有《中华人民共和国农业法》《中华人民共和国环境保护法》《中华人民共和国水污染防治法》《肥料登记管理办法》《农药管理条例》等，云南省在 1997 年实施《云南省农业环境保护条例》。迄今，缺少系统的、专门的农业面源污染治理法律。涉及农业面源污染的法规条文是原则性规定，缺乏操作性，不能对农业生产活动和农业面源污染防治工作起到实质性的指导作用和法律威慑作用。

为此，应加强顶层设计，健全法律体系。出台洱源县地方性针对农业面源污染的防治条例或规章，配套实施细则，注重条款的可操作性。以法律的形式确定化肥、农药等农业投入品的合理使用标准，以及秸秆、地膜、畜禽粪便的回收机制和处置标准。明确法律责任的认定标准，对造成农业面源污染的行为制定具体可行的处罚依据。

用法治手段保护、治理洱海

中共大理州委党校副教授　王丽熔

习近平同志在党的十九大报告中指出："建设生态文明是中华民族永续发展的千年大计。"加大生态系统保护，是建设美丽中国、为人民群众提供更多优质生态产品的重大举措。2017 年，洱海保护治理上升到国家环保工作重点，列入国家"新三湖"（洱海、丹江口、白洋淀）治理计划。如何加强以洱海为核心的生态文明建设，落实好习近平同志考察大理时提出的"一定要把洱海保护好"的殷殷嘱托，是一个必须深入思考的问题。笔者认为，在全面推进依法治国的大背景下，大理在落实好国家、地方已有生态保护法律法规作用的基础上，用好民族自治地区拥有自治立法权的优势，根据洱海生态环境保护的现实需要和长远发展规划进一步制定完善地方性法规，用依法治湖的思维来综合研究洱海的保护、治理，用法治手段保护、治理洱海生态环境，不仅管整体，还可以管长远，是一个良策。

一、发挥好地方性法规在保护治理洱海中的重要作用

一是严格执法，落实好现有法规。法不在多，在于行。大理白族自治州利用民族自治区拥有的地方事务管理立法权，针对洱海保护制定了 10 余部法规，洱海生态环境保护治理基本实现有法可依；建立洱海生态环境保护综合执法队，建立公检法、环保等联合执法机制，整合各方力量，努力做到执法必严，违法必究，依法监管，充分发挥好现有法规作用，这是一种"务实"之举。二是科学立法，完善现有法规。任何获得世人尊崇的法律都是在实践中不断完善起来的。当前洱海的污染源主要来自于入湖河流，现行的《洱海保护管理条例》仅针对洱海湖区及周边距离较近的区域，许多条款需要提高针对性、可操作性，扩大覆盖面，通过修改完善，从流域治理的视角，把入湖河流流域、洱海周边区域全部纳入保护治理范围，通过立法赋予流域管理机构更多的管理权限，实现整个流域治理的一体化、法制化。三是用好"自治权"，制定

新法规。法随世变。随着经济社会的发展，大理应充分利用“自治权”制定出一个综合、全面的《洱海流域生态保护条例》，以全面有效改变洱海流域污水乱排乱放、垃圾乱堆乱放、化肥农药乱施乱用、房屋乱搭乱建、餐饮酒店无序发展、苍山洱海周边无序取水等现象。洱海保护治理从“一湖之治”“流域之治”转变为“生态之治”，为洱海流域生态环境根本改善提供法制保障。

二、积极构建科学合理的洱海保护治理执法监管模式

洱海保护治理执法要以公正司法促进全民守法。国家机关、社会组织、人民团体及新闻媒体对洱海保护治理中法治建设起到应有的监督和督导作用，监督政府是否能够严格贯彻执行生态保护法律，认真履行生态保护职责。在生态执法监督过程中，各个监督部门之间有效协调，在执法开始前、执法过程中、执法结束后三个环节上着力，保证监督贯穿于执法的全过程。执法前健全环境监管制度，制定适应洱海生态环境保护工作需要的环境监察、监测、排污许可证发放与管理、污染物总量控制等规章。执法中构建权责一致、多层次的监管机制，形成上级对下级的监管，完善平级行政部门之间的监督体制，加强群众的监督力量，构建有效的监督体制。执法后评估反思监管短板，通过环境监管执法发现问题，站立在环境监管促进生态文明建设的角度不断思考环境监管，不断提升洱海生态环境保护的效果。

三、依法协调好洱海周边群众生产生活与生态环境保护的关系

《民族区域自治法》第六十五条规定：国家在民族自治地方开发资源、进行建设的时候，应当照顾民族自治地方的利益，作出有利于民族自治地方经济建设的安排，照顾当地少数民族的生产和生活。一是问计于民，形成洱海保护的村规民约。洱海保护治理作为当下大理一个最重大的课题，充分调动环洱海周边各民族群众的积极主动性，逐步形成自我约束、自律、自省的风尚，最终形成一种“我不上谁上、我不干谁干、我不护谁护”的洱海保护责任意识和主体意识。二是以“绿色经济”引领构建和谐洱海经济圈。绿色经济是一种“从环保要经济”的发展理念，就是从环境保护和资源节约的活动中赚取经济效益，即“绿水青山就是金山银山”。有关洱海保护治理的一切法规制度意在保护洱海，服务周边群众生产生活乃至长远发展，法治的实施在于科学地规划群众的生产生活，引领发展。以法治的视角思考洱海生态环境保护，当前更多

的是“关停”，是群众利益受损。洱海生态环境保护从长远思考，呈现的应该是“规划”。有关洱海生态环境保护的一切整治，除了处罚之外，更多应该是洱海周边绿色经济发展，人与自然的和谐共存，各民族群众共享洱海保护治理的成果，变成实实在在的利好。

四、在洱海保护治理中以法律法规保障主体权利和义务的落实

欲要取之，必先与之。而取与与之前首先需要弄清楚“主体”，通过“确权”实现主体精准化。洱海是大家的，但洱海周边的房产、田地是个人的。以确权的方式明确责任主体，将有助于更好地明确洱海保护的义务主体和补偿主体。探索建立长效的生态补偿机制，《民族区域自治法》第六十六条明确规定：民族自治地方为国家的生态平衡、环境保护做出贡献的，国家给予一定的利益补偿。大理应通过自治法规明确怎么进行补偿、补偿的标准和比例，推动洱海上下游地区的经济协调发展，调动洱海流域各族群众保护洱海的积极性。一是积极建立洱海流域生态补偿机制，对损害资源环境的行为实施收费，对保护资源环境的行为进行补偿，构建生态保护利益相关者之间的利益调节机制；二是推进地区补偿、项目补偿、科技补偿、企业补偿、农户补偿等工作；三是按照市场规律建立洱海流域生态环境补偿机制，由生态环境受益者对生态环境保护者的付出进行经济补偿，实现利用生态环境资源创造经济价值的利益再分配。

五、在洱海周边加强法治文化、生态文化建设

新时代，人民对生活有了新期盼，需要更多的优质生态产品，以满足人民日益增长的更高层次的需要。在洱海周边加强法治文化建设、弘扬生态文化以促进生态文明建设，是实现依法保护治理洱海的必然选择，解决我国新的社会主要矛盾的重要抓手。一是加强对民众进行生态法治、生态道德宣传，逐步形成爱护洱海光荣，污染洱海可耻的舆论氛围，构建共创绿化美丽家园的文化氛围。二是强化政府机关工作人员生态文明理念。各级政府将承担更多洱海生态环境保护的责任，实现生态法治“硬约束”。提高对生态文明建设重要性的认识，树立正确的生态价值观，形成一切工作都要以生态保护为先的意识。

六、建立洱海保护治理多元化投入机制

洱海保护治理资金投入是关键。一是建立市场化投融资机制。用好国家生

态环保政策，争取国家项目资金扶持，千方百计筹措洱海流域环保项目建设资金，加强资金监管，高效运用各项资金，保障项目建设。建立公共财政投入污染治理的稳定增长机制。坚持政府引导、市场为主、公众参与的原则，根据洱海水质改善的要求，提出年度治污经费占地方财政收入比例的刚性指标，明确州、县、市各级各承担的比例，并列入流域县市年度财政预算。积极拓展投融资渠道。采取多种投融资模式，实现洱海保护治理资金投入多元化。重点做好引入社会资本实施洱海截污干渠 PPP 示范项目，引导更多的治污项目采用 PPP 治污模式，千方百计引进技术、资金、管理参与洱海治污。二是科学整合各类相关项目资金。重点是整合“人居环境”等项目资金，创建“大理国家环保产业园”，让“环保投入”转换为“环保投资”，真正做到从环保要经济，靠环保促发展。三是以绿色税收制度建设促进洱海生态保护的投入。开征环境保护税，以税促环保。环境保护税法作为我国第一部推进生态文明建设的单行税法，于 2018 年 1 月 1 日起施行。环境保护税法明确，环保税收入全部作为地方收入，中央不参与分成。这样地方政府就有更多的用于治理环境及支持、鼓励、补贴企业开发环保技术、实施环保项目的资金。要依法促进生态环境保护，就要加强绿色税收制度建设，充分发挥资源税、环保税“体现产业政策，促进结构调整”的作用。

深入贯彻习近平同志“要正确处理好经济发展同生态环境保护的关系，牢固树立保护生态环境就是保护生产力、改善生态环境就是发展生产力”的理念。站在讲政治的高度思考洱海保护治理的价值，保护好洱海是中国为世界生态文明建设做贡献，成为美丽中国建设的一张亮丽名片；保护好洱海是深入贯彻十九大精神，加快生态文明建设的具体体现；保护好洱海为人民提供优质生态产品，以满足人民日益增长的对优美生态环境需要。努力把洱海打造成全国城市近郊湖泊保护治理的典范，经济发展与环境保护“双赢”的标杆，全国“山水林田湖”综合治理的走廊，让“苍山不墨千秋画，洱海无弦万古琴”的自然美景永驻人间是使命，更是一份沉甸甸的责任。

生态文明

大理州开展生态文明建设的建议

云南大学生态学与地植物学研究所所长、二级教授、博导　欧晓昆

按照习近平同志视察大理的指示，大理州在党委和政府的领导和各族人民的努力下，在生态文明建设中已经走出了具有自己特色的道路，已经编制了《大理州主体功能区和生态文明建设规划》《大理州关于争当全国生态文明建设排头兵的实施意见》《大理州加快生态文明建设实施意见》等一系列关于生态文明建设的文件；在洱海保护、环境治理、创建生态文明州、县和村镇的活动中已经做出了卓有成效的工作。

在已经编制完成的一系列文件中，《大理州生态文明建设标兵规划(2017—2020年)》进一步明确了“十三五”期间大理州生态文明建设的指导思想、目标任务和工作措施，就扎实推进全州生态文明建设、加快成为全国生态文明建设的标兵形成了指导性文件。规划的编制内容十分全面、具体，可操作性较强，相信随着规划任务的落实，大理州的生态文明建设一定会取得成绩，在生态文明排头兵的建设行动中走在全省的前列。

根据自己对大理州生态文明建设的认识，拟提出以下意见和建议。

一、加快大理州各级各地“多规合一”的工作

“多规合一”，是指将国民经济和社会发展规划、城乡规划、土地利用规划、生态环境保护规划等多个规划融合到一个区域上，实现一个市县一本规划、一张蓝图，解决现有各类规划自成体系、内容冲突、缺乏衔接等问题，便于优化空间布局，有效配置土地资源，提高政府空间管控水平和治理能力。目前大理州已经在大理、洱源等市县开展了“多规合一”的工作，建议进一步加快工作步伐，将“多规合一”工作尽快落实到各个市县及各级部门，推进州市县“多规合一”的编制及实施。统一编制州和市县空间规划，逐步形成一个空间区域一个规划、一张蓝图，统一区域的土地分类标准，根据主体功能定位和州级空间规划要求，划定生产空间、生活空间、生态空间，明确城镇建

设区、工业区、农村居民点等的开发边界。通过“多规合一”，用统一的规划指导经济建设、社会发展和生态文明建设工作。

二、按照“三线一单”的要求开展环境管理，落实生态文明建设的具体内容

“三线一单”是指环境管理中所要遵循的“生态保护红线、环境质量底线、资源利用上线和环境准入的负面清单”。这里的生态保护红线实质是生态环境安全底线。而被纳入红线的区域，将会被禁止进行工业化和城镇化开发，从而能够实现有效保护珍稀、濒危并具代表性的动植物物种及生态系统，维护重要生态系统主导功能。而环境质量底线是指保障人民群众呼吸上新鲜的空气、喝上干净的水、吃上放心的粮食、维护人类生存基本环境质量所需求的安全线。资源利用上线是从促进资源能源节约、保障资源高效利用、确保必不可少的环境容量角度，每个地区不应突破资源利用的最高限值。基于生态保护红线、环境质量底线和资源利用上线，以清单方式列出的禁止、限制、允许等差别化环境准入标准和要求，就是环境准入负面清单。通过清单的方式将一个区域，如洱海流域不能发展的产业，各个市县不能发展的产业列出。作为具有优良的质量、环境保护任务较重的大理州，应根据环境管理的权限逐步落实各条线，并在实际工作中要求遵守各条线，并按照负面清单指导环境保护和管理的工作。

三、注重洱海保护中水容量的保护

洱海保护有动力和压力，有对策与措施，更有决心和信心。随着洱海保护各项行动的具体实施，相信一定能够不辜负习近平同志的嘱托，把洱海环境治理好。但是在洱海治理中也应该关注到，随着洱海截污工程的顺利实施，在水质逐步得到保障的情况下，如何保证洱海的水量能够不减少，不至于出现如抚仙湖一样的湖水水量大量减少的情况，将是一个重要的问题。建议为：①在洱海全流域开展节水工作。研究节水对策，采取节水措施，尽量减少好水的滥用和泛用，好水需要保证用于重要的地方和重要的用途（如人饮），保证更多的好水能够流进洱海。②考虑外源调水的方案和具体对策措施。目前滇中调水工程正在实施中，在已经完成的滇中调水的配水方案中并没有洱海生态调水的配额，洱海总的水量是29.59亿立方米，多年平均入湖水量为7.361亿立方米，

而滇中调水到2030年分配给大理州的总水量也仅仅是3.26亿立方米，而这是大理8个州的总配水量。考虑到大理城市的扩大与工业和城市用水量的增加，环湖截污，大量的流水不能流入洱海，因此大理还需要考虑洱海的调水具体方案。

四、建设好苍山洱海国家级自然保护区及其他自然保护区

苍山洱海是中国最具特色的山水复合型的自然保护区，生物多样性十分丰富而独特，景观资源丰富多彩。随着旅游业的发展，旅游与保护的矛盾已经十分突出。党的十九大提出建设以国家公园为主体的自然保护地体制。目前国家公园体制改革的实验正在全国10个省区开展，随着国家公园体制和机制的建立，对于苍山洱海自然保护区，最有效地实现保护和可持续发展目标的体制还是国家公园，当前应该积极考虑将苍山洱海及其周边区域建设成为国家公园的可能，并首先申请建立省级国家公园。

五、积极开展生态县和村镇的创建工作，努力将大理建成生态文明州

国家已经开展生态文明的创建工作多年，云南省也在2014年开展了生态创建工作，大理州目前已经有3个县和数十个村镇获得了生态文明的称号。作为地域特点重要、自然风景优美、民族特色突出、生态特点显著的大理州，需要积极开展生态文明创建工作，在完成县市级生态文明创建工作的基础上，尽快实现大理生态文明州的创建工作。

大理州生态文明建设调研报告

云南省林科院林业研究所副所长、研究员　杨文忠

2017 年 12 月 5 ~ 10 日，云南省委宣传部省社会科学界联合会组织相关专家到大理州开展深入调研，为大理州的社会经济发展和生态文明建设提供咨询参考。作为“大理州生态文明建设”专题的成员，基于调研结果和个人思考，提出如下建议：

一、发展基础的分析

（一）自然环境条件

受到自然地理位置的限制，大理的降水稀少。大理处于印度洋和欧亚大陆两板块碰撞隆起的喜马拉雅—横断山南缘，西面受到高黎贡山的阻隔，印度洋环流带来的降水抵达大理的不多；东面与太平洋距离较远，已处于太平洋环流影响的末端；北面受到青藏高原山地阻隔，西伯利亚环流带来的降水难以抵达。水资源成为影响大理工农业发展和生态环境建设的关键因素。

（二）社会经济现状

大理的社会经济发展还处于以农业为主和农产品粗加工为辅的初级发展阶段。大理州的地形地貌可以粗略地划分为山区和坝区两类，山区因农业生产经营规模小、信息技术滞后、交通不便利等原因，经济发展滞后，是当前扶贫攻坚的重点地区；坝区经济受到水资源短缺、经营理念滞后等的限制，生产效率和规模效应也未充分显现。同时，大理整体上处于物流成本很高的多山高原边远地区，工农业产品的市场竞争力远不及内地，导致大理的工农业生产和社会经济发展相对滞后。

（三）区域发展机遇

根据国家“一带一路”和“绿色发展”战略部署，云南将努力建成“民族团结进步示范区”“生态文明建设排头兵”和“面向南亚东南亚的辐射中心”。在此布局中，大理将建设“滇西中心城市”，推进全省三大定位的建设

和发展。滇西中心城市建设将为大理注入新的发展动力，同时将大大降低大理的物流成本，提升产品竞争力。这是大理实现跨越发展的重大历史机遇，也是全面促进大理区域发展和实现大理现代化的重要时期。在新的历史机遇期，大理州委、州政府的区域发展谋划和战略布局规划至关重要。

二、发展定位的思考

（一）贯彻落实党的十九大提出的新发展理念

党的十九大报告指出：“中国特色社会主义进入新时代，我国社会主要矛盾已经转化为人民日益增长的美好生活需要和不平衡不充分的发展之间的矛盾。”与东、中部同级别州市相比，大理属于发展不平衡不充分的地区，发展仍是解决大理一切问题的基础和关键，当然发展必须是科学发展，贯彻创新、协调、绿色、开放、共享的发展理念，推动新型工业化、信息化、城镇化、农业现代化同步发展。

（二）以生态文明建设促进大理的产业结构调整和升级

新时期的现代化建设同时也要求生态文明建设与经济产业发展协调同步、齐头并进，不走先污染再治理的传统发展道路；新时代发展中国特色社会主义的基本方略是坚持人与自然和谐共生，统筹山水林田湖草系统治理，形成绿色发展方式和生活方式，走生产发展、生活富裕、生态良好的文明发展道路。大理州的农业生产仍然在产业经济中占有重要地位，但工业化程度不高，工业化导致的生态环境污染也不严重，生态环境基底尚存。在新时代走新型发展、文明发展的道路，可借生态文明建设之东风，改善生态环境，优化产业布局，促进产业经济升级。

（三）坚持走新型工业化道路

大理的地理区位优势和交通枢纽地位，决定了大理建设滇西中心城市的可行性。滇西中心城市的建设，能为云南建设“面向南亚东南亚辐射中心”做出贡献，也能为国家落实“一带一路”倡议发挥重要作用。然而，滇西中心城市建设必须有实实在在的产品和服务，通过产品流通和服务提供，才能真正发挥大理“中心城市”功能和“辐射中心”作用。因此，大理需要走新型工业化道路，发展自身的工业体系。走新型工业化道路，一方面要求基于国内外先进的工业信息技术发展自身的工业体系，另一方面要求基于当前先进的废污处理技术开展环境友好型和资源节约型的工业生产。

三、发展举措的建议

（一）产业经济布局

基于大理的自然山水风光、历史文化渊源和产业经济基础，大理州的经济产业总体上应以旅游业、工业生产和现代农业为主。旅游业以大理古城和环洱海区域为中心，辐射周边的洱源、巍山、宾川和剑川等县；工业生产和滇西中心城市建设以祥云为主；现代农业涵盖宾川和弥渡等县。

1. 旅游业

根据州委陈坚书记的介绍，在洱海及其流域治理的基础上，将打造环洱海健康养生和休闲度假的旅游专线。笔者的建议是：由于大理的旅游文化资源十分丰富，大理的旅游业发展规划，应以大理和环洱海区域为中心，整合洱源湿地、剑川石宝山和沙溪、巍山南诏历史遗迹、宾川鸡足山、祥云水目山和云龙天池等县区资源，打造3～5条有影响力的旅游线路，让以大理为目的地的游客有地方想去，有地方可去。至少，为洱海提供优质水源保障的洱源，应包含在环洱海旅游规划中的县区。同时，环洱海旅游线路上，要打造各具民族文化特色的站点，让游客想停下脚步，能停下脚步。

此外，从笔者掌握的生物学知识、与华大基因公司打交道的经验，以及普通游客需求的角度上看，在环洱海健康养生和休闲度假专线上，只需提供普通而优质的固定医疗卫生服务站点，测量人体生理指标，做好保健服务和人文关怀，就能在很大程度上提高大理的休闲养生品质。

2. 滇西中心城市的建设

历史上的南诏国从巍山迁往大理，并在大理得到了长足发展，塑造了辉煌的历史。但若在洱海之滨建设滇西中心城市，不能满足当代规模化工业生产的需求，洱海的环境容量也无法承载过多的人口。因此，尽管大理既有辉煌的历史文化，又是现在大理州的政治经济中心，但是从规模化工业生产和产业集群发展的角度看，滇西中心城市建设应选址在祥云坝子，才能为未来的建设和发展预留足够的空间。

滇西中心城市建设无法一蹴而就。在祥云建设和发展滇西中心城市，首先，是要分析滇西片区甚至包括邻国的市场需求，研究定位工业化发展方向，以及所要生产的工业产品和提供的服务类别等，使大理的产品和服务相对于外来的商品更具比较优势和竞争力，才能在大理及其相邻地区发挥辐射带动功能。其次，人才是现代化工业体系建设的关键。鉴于当地的工业化基础差、底子薄，需要制定实实在在的优惠政策，吸引和留住产业信息技术人才到产业园区工作，使其具有优厚的待遇和广阔的发展前景。这样，现代化工业生产和发展才能站在高端和前沿，促进滇西中心城市的建设。最后，中心城市建设还需要有配套服务和人口规模的支撑，这需要在优势工业产业初步成型时，着重加以引导和建设。就这一点而言，祥云境内初步完成原始资本积累的小企业家是生产配套产品和提供配套服务的基础保障。

3. 现代农业

现代农业需要较为优越的自然条件。大理州的宾川和弥渡两县相对地势较低，具备开展现代农业生产的自然条件。宾川县具有很好的热量资源，弥渡县的水湿条件相对较好。而且从近年情况看，宾川的水果种植和弥渡的蔬菜栽培已具备一定的规模，为大理发展现代农业奠定了基础。

现代农业发展需要有现代化的科学技术支撑。随着劳动力成本的不断攀升和青壮年劳力的转移，当地农业生产的成本效益优势逐步消失，农业生产的发展进入瓶颈期。现代农业的引入将转变传统劳力密集和生产粗放的经营方式，逐步发展成为机械化、自动化、集约化、规模化的经营模式。现代农业注重产前、产中、产后三个关键环节，产中即生产环节的现代化，是现代农业的重要特征，包括设施化的水肥、土壤和温度在时空上的分布控制，以及产品质量的标准化管理等。产前指的是在前端具备良种选育和品种创新的能力，不但要保证目前的产量和品质，还要有不断推陈出新的能力。产后指的是在后端应具备农产品现代化加工企业，还要有基于电子商务的市场营销能力。

现代农业需要有配套机制保障。开展现代农业试点的宾川和弥渡两县，要结合当地实际和农民意愿，制定农业合作社或土地流转经营等相关配套政策，加速土地流转和集约化经营模式的构建、形成和发育；同时，要制定优惠政策吸引科研院所到当地开展现代农业的试验示范，特别是在良种选育上要大力扶持，从长计议。此外，可通过招商吸引外来企业或扶持当地企业的方式，促进现代农业发展。

最后，现代农业发展要坚持以市场为导向的思路，选择具有较高经济价值的高原特色果品和蔬菜品种进行种植与栽培，在稳定产量的基础上，提升产品品质，建立特色产品的品牌，打开并维持一定的市场占有率。此外，现代农业以高品质的农产品市场为中心，基于农业的旅游开发，其目标群体仅只是当地的城镇人口，难以打造成针对外来游客的旅游产品或线路。

（二）生态环境建设与管理

大理州的生态环境建设与管理主要包括五大方面的内容：一是以洱海为代表的高原湖泊湿地治理；二是坝区面山风景水源林建设；三是城镇和乡村人居环境改善；四是工农业污染整治和环境治理；五是生物多样性保护。

1. 以洱海为代表的高原湖泊湿地

以洱海为代表的高原湖泊湿地（含各坝区的季节性湖泊湿地）是当前大理州生态环境治理的重中之重。由于长期的人类活动，特别是现代高强度的农业垦殖和商业活动，包括洱海在内的许多高原湖泊出现不同程度的湿地退化、水质下降、水体负营养化，甚至是有毒有害物质污染，出现了河流、池塘、小溪的鱼虾难见和各种鸟类持续减少的问题。因此，当务之急是加强湖泊湿地治理。

高原湖泊湿地的退化是长期积累的过程，其治理必须长期持之以恒地开展工作。湖泊湿地治理是一项系统工程，同时涉及周边的山水林田和当地群众生产生活的各个方面。首先，根据滇池治理的经验，高原湖泊治理若要在短期内显现效果，最便捷的办法是置换水体，但需要大量的清洁水源进行补水，这一方面需要加强对上游来水的治理，另一方面要通过各种途径提高对滇中调水工程给水的谈判和议价能力，降低水价（如牛栏江引水工程），增加额外供水。其次，中期内若要实现水质持续好转的目标，需要加强对环湖周边村镇和旅游业生活污水的截污和处理，减少污水直接入湖，降低污染物富集速度。最后，长期来看，必须加强环湖周边农业生产的面源污染和面山水土流失的整治工作，以保证入湖的水流能够达到长期维持湖泊水质要求。

2. 坝区面山风景水源林

除个别县以外，大理州绝大部分县城处于四面环山的坝区，坝区面山，由于长期受到当地居民采集、采割、放牧和开垦等的侵扰，面山植被退化十分严重，有的已经呈现出严重的逆向演替，不仅造成了严重的水土流失，还影响到周边植被对坝区小气候的调节，同时人们的生活环境难言美观，这不能满足人民对美好生活向往的需要。因此，急需开展坝区面山治理工作。

坝区面山治理存在至少三个方面的挑战：一是土地权属复杂，集体林、自留山和国有林并存；二是水土流失和原生植被退化严重，给面山绿化美化带来困难；三是地方林业或园林部门未引起重视，人财物投入不足，多采用对原生植被破坏更大的原产澳大利亚的黑荆和银荆作为造林树种，少部分采用无法成林的地盘松造林，乡土阔叶树种很少，仅有樱桃和云南樟等。

同时，当前也是面山治理的最佳历史机遇期。当前随着社会经济的发展，当地群众到周边面山开展采伐、采集、放牧和开垦等活动越来越少，而国家和省市各级政府投入造林经费不减反增。只要当地各级林业或园林主管部门负起责任来，理顺权属关系，调动群众积极性，培育乡土树种，引进面山造林技术（由于面山的水土保持功能退化严重，需要林业或园林与水利部门的通力合作），面山绿化美化就完全有可能变为现实。如果目标得以实现，那么大理州人民的生活环境将得到极大改善，同时，随着坝区周边面山植被的恢复，面山森林的水源涵养、水土保持、小气候调节和环境绿化美化功能也将逐步显现和得以发挥。

3. 城镇和乡村人居环境

随着村村通以及各项村镇环境整治工程的实施，当前大理全州的人居环境有了很大改善，特别是随着洱海治理力度的不断加大，大理市人居环境提高和改善得很快。但在乡镇甚至个别县以下的人居环境还有很大的提升空间，主要表现为缺乏污水收集和处理设施、缺乏绿地休闲空间、老树古树欠缺、日常环境卫生管理不力等，许多乡镇还时常呈现出“污水遍地流、灰尘漫天飞”的景象。这需要同时加强硬件和软件建设，在城镇和乡村建设规划中加入硬件基础设施，并通过政府部门带动和广泛的宣传教育，让全民树立其“不仅生活富裕、更要环境优美”的观念、理念，并不断付诸行动，建设美好家乡家园。

4. 工农业污染整治和环境治理

结合上述的产业布局和滇西中心城市建设，走出大理特有的新型工业化道路，一方面减少高污染企业的引入和建设；另一方面在新兴工业基地建设初期进行全面的环境规划，建设废污处理设施，加强废污管理。同时，随着工业化进程和城镇化建设的不断推进，农业人口已经并将呈现出逐年减少的趋势，给农业面源污染问题的解决带来契机，这是因为现行的以农户为单位的农业生产格局，要治理面源污染问题是十分困难的；相反，只有在农业从业人口不断减少，通过土地流转或合作化农业生产的方式，逐步实现农业现代化和集约化经营，才能对农业面源污染治理制定相关标准和规定，并严格执行，解决农业面源污染问题。

5. 生物多样性保护

如果有空翻阅州（市、县、区）的地方志，我们不难发现：除与生产生活密切相关的人、物、事之外，很难找到与社会同时代并存的生物和环境的描述。这是因为历史上没有任何一个时期比现在更加关注环境和生物多样性问题，而党中央把“五位一体”的总体布局上升到国家发展战略的高度，充分体现人与自然和谐共生的发展理念，这是我们生活在这个时代的荣耀和庆幸。

大理各地的发展中，由于生活经济仍然相对滞后，对生物多样性保护问题关注度还不够，除少数几个自然保护区开展过生物多样性调查和编目外，多数天然林、公益林和湖泊湿地均未开展生物多样性科学调查，也没有生物多样性保护规划，更谈不上生物多样性保护行动。要推进大理的生态文明建设，生物多样性保护是必须要加以关注的方面。

大理州可分县区或自然区域逐步开展生物多样性资源的调查和编目，并制定生物多样性保护总体规划和各县市区的保护行动计划，适时开展生物多样性保护行动，促进人与自然和谐发展。

最后，生态文明建设不是一蹴而就的事，需要我们朝着正确的方向不断走下去，才有可能最终实现既定目标。正如《中国共产党第十九次全国代表大会报告》所述：“生态文明建设功在当代、利在千秋。我们要牢固树立社会主义生态文明观，推动形成人与自然和谐发展现代化建设新格局，为保护生态环境作出我们这代人的努力！”

对大理州生态文明建设的建议

云南大学教授、博导　周　鸿

生态文明是人类总结了人类历史上农业文明阶段不合理的土地利用方式形成的“黄色文明”，工业文明阶段环境污染和生态破坏而带来的“黑色文明”，而重新调整自己的文化，即摒弃了以牺牲环境为代价的生产方式、生活方式和思维方式，创造新的生态文化来与环境协同共进、和谐发展的社会文明形态。

生态文明是社会文明与支撑文明的环境高度和谐的文明，是高效的循环经济、社会公正、生态和谐相统一的新型社会。生态文明的标志是社会生态系统生态功能健全、生态系统健康和社会中人群健康，人人享有生态福利、生态公正、生态正义和生态义务，社会能提供生态安全保障的可持续发展的人类文明形态。

文化因交流而多彩，因进步而创新，因弘扬而博大，“云南社科专家大理行”调研咨询暨大理高峰论坛，正是一次生态文化学习、交流的盛会。我作为中国最早研究生态文明的学者之一，想谈谈大理州生态文明建设的几点意见：

第一，大理州生态文明建设，既要建设生态物质文明，也要建设生态精神文明，更要建设生态政治文明。对于中国特色社会主义来说，生态政治文明是引领生态物质文明和生态精神文明的火车头，大理州生态文明建设，一定要用生态政治文明引领生态物质文明和生态精神文明建设，要针对大理的实际，明确大理州的环境、资源、文化特点，重在创新，精在特色。

第二，大理州的生态政治文明建设，目前以保护洱海作为中心任务，成绩卓著。2015 年 1 月，习近平同志到大理考察时作出“一定要把洱海保护好，让‘苍山不墨千秋画，洱海无弦万古琴’的自然美景永驻人间”的指示，大理州党委、政府启动洱海保护治理的“七大行动”，使洱海水质一直保持在较好的水平。“北有塞罕坝，南有洱海清”，已经成为目前中国老百姓的一句口头禅。洱海保护，已经成为云南省的一张名片。但是，要保持好这张名片，大理州任务艰巨，任重道远。可以说，洱海保护，成了大理州生态文明建设第一重要的生态政治和生态红线，也是大理州生态政治文明建设的首要任务。我们这次专家调研，陈坚书记谈了要把大理州打造成为如瑞士一般的融健康养生、观光、休闲度假为一体的国际旅游胜地，蓝图宏伟。但是作为人类生态学者，我必须提醒，目前洱海流域人口已经有84万（包括大理市和洱源县），洱海周边的人口已经有60多万。根据专家分析，洱海周边适宜人口为25万，目前洱海流域人口已经大大超过洱海流域人口的承载量。如果把旅游作为大理州的第一产业，关键要把人留下来，而旅游人口增加，必然增加洱海压力。建议大理州旅游规划一定要长远，一定要精确计算旅游的环境人口容量，保证污水排放、垃圾处理等根据旅游环境人口容量一步到位，否则会产生新的生态灾难。

一是大理州党委一定要明确，生态政治文明建设是生态文明建设的基础，生态政治文明建设的核心是国土和公民的生态安全与生态健康。要保证社会生态系统生态功能健全、生态系统健康和社会中人群健康，保证人人享有生态公正和生态正义，必须以科学发展观为指导，以生态文明体制改革为首要任务，形成科学的生态政治空气，制定出适合自己州情的保护环境的政策、法律、法规，坚持经济建设中的生态红线制度、生态福利和生态公正。

二是生态政策要具有前瞻性和远见性，生态政策如果失误，造成的后果往往是巨大的。环境政策是保护环境的大政方针，直接关系到环境立法和环境管理，也直接关系到整体环境状况。这其中，要特别注意生态政治文明建设中干部的决定因素，一定要强调干部的生态意识和绿色GDP意识。坚持生态环境破坏的干部终身问责制度。要推进生态民主进程，要倡导和鼓励公众积极参与。完善公众参与制度。强调人人拥有生态环境的知情权、监督权和参与权，享有清洁的空气、洁净的水和所有绿色福利的权利，并把生态补偿机制引入人权概念之中。

三是要推进生态民主进程，核心是生态公正，贪污和腐败是生态公正和生态正义的大敌，是对公民生态福利的最大侵占，因此反腐倡廉也是生态政治文明建设的首要任务。

第三，大理州生态物质文明建设，要特别注意生态产业定位的问题，要贯彻中央经济工作会议的精神，实现高质量发展人口、环境、资源的可持续发展，是建设生态物质文明的核心。必须以可持续发展观为指导，立足于满足人的全面发展的需要，以人为本，以人力资本为主要驱动力，实现人口、资源环境的可持续发展。而发展生态产业是物质生态文明建设的首要任务。物质生态文明建设要以清洁生产为核心，大力发展清洁能源和可再生能源，改善能源结构，倡导扣除环境污染和生态破坏的绿色 GDP 理念，实现“循环、共生、稳生”的生态产业蓬勃发展。

一是既要绿水青山，也要金山银山。目前，大理州在建设绿水青山，推动洱海保护的“七大行动”中，基本上是用财政和银行贷款，资金缺口非常大，老百姓在保护洱海的任务中，已经做出牺牲。例如，我们在洱源县做的调查，洱源县用于湿地保护需要大量经费，只是土地流转经费，一亩地就需要 5000 元，政府在银行的贷款 9 个多亿，早就资不抵债。茈碧湖 2015 年自驾旅游人数 8 万人次，2016 年 10 万人次，为了保护洱海，2017 年旅游完全停下来，13 个农家乐和餐饮全部关闭，等待整改，洱源县农户旅游已经没有收入。现在的情况是发展不可持续。但是发展才是硬道理，满足人民对美好生活的需求，是生态文明建设的首要任务，如何在建设绿水青山的同时建设金山银山，解决生态产业定位的问题，在建设绿水青山的同时建设金山银山，这是大理州党委必须解决的首要问题。

二是大理州旅游业发展要注意发展乡村生态旅游。乡村旅游，是近年我国旅游发展中最有前途的朝阳产业，乡村生态旅游正是适合我国国情的一种生态旅游模式，对我国经济、文化的可持续发展意义深远。大理州乡村旅游的自然景观和人文景观都十分丰富，而且乡村旅游已经粗具规模。要认真总结经验，在控制好环境污染的前提下大力发展，提高旅游的品质，从单纯的农家乐向集观光度假、生态健康、休闲养生、文化娱乐为一体的生态旅游转化，把客人留下来。

乡村生态旅游以乡村为旅游对象，而被称为“人类疲惫心灵的最后家园”的乡村，正是自然景观和人文景观最丰富的地方。大理州乡村，以其优美的自然环境、恬静的田园风光、多姿多彩的民族风情吸引八方游客，旅游资源十分丰富。

乡村生态旅游中，农民是公众参与的主体，以自己的家园作为旅游资源来开展的旅游，最容易对农民进行环境保护和可持续发展的教育，实现可持续发展。

大理州是农业大州，农业、农村、农民问题，始终是大理州经济和社会发展的决定性问题。乡村生态旅游可以成为新的农业产业模式，并增加原有农业的附加值，促进农业的科学化；乡村生态旅游还可以直接促进乡村的生态环境建设，促进退耕还林还草还湖和庭院景观建设，移风易俗，改善环境卫生条件和提高乡村生活质量；乡村旅游还可以帮助农民脱贫致富，为妇女和年轻人提供更多的就业机会，大幅度增加农户的收入。而“三农”问题又与农村教育问题息息相关，乡村生态旅游也必然促进农村教育。

大理州乡村生态旅游还能增加居民对当地文化的自豪感，使当地居民认识文化景观和文化传统的价值，促进各民族和地区文化传统的传承，让各种民间手工艺、音乐、戏剧、歌舞、饮食文化——都在旅游中得到保护和发扬光大。同时，乡村生态旅游对文化遗产的保护也有更深刻的意义。

大理州乡村生态旅游可以促进城乡经济和文化交流，缩小城乡差别。昆明、大理甚至全国各大城市的双休日和黄金周，为大理州乡村旅游提供了巨大的客源市场，城里人可以在乡村里享受久违的大自然风光，喝清泉水，吃农家饭，干农活，参加民族节庆狂欢；城市的孩子们也就不会把麦子当韭菜，能从小知艰识苦。而农民通过与城里人交流，可以学习到很多先进文化和脱贫致富的本领。

三是大理州的生态旅游，一定要注意总结云南省丽江等地的经验，旅游业一定要让本地居民参与和受益。笔者曾经调查过丽江的商铺，90% 以上都是江浙人经营，而城镇旅游发展后，一般物价都会上涨，当地老百姓不能共享发展成果，反而觉得旅游业发展让自己吃亏了，这是值得总结的经验教训。

四是大理州的农业产业定位，一定要变资源优势为品牌优势。资源优势不等于经济优势，只有变资源优势为品牌优势，大理州的经济才能可持续发展。大理州的自然资源很丰富，核桃、梅子、华山松和各种果品、名优小吃、民族刺绣等在云南省有一定的知名度，需要做创品牌的工作。但是，品牌是需要时间和精力孵化的，需要做市场调查、科学研究、产品设计与推广、技术培训等大量工作。打造云南宣威火腿这个中国品牌，已经用了一个多世纪的时间，从目前来看，虽然现代科学技术已经使创造优秀品牌的时间大大缩短，但是创品牌的工作是一定要做的，而且要有打硬战的准备。

五是大理州的种植业，一定要科学种植，因地制宜。

注意发展生态农业。我们调查的洱源县，目前以种植大蒜为主，现在市场情况还不错，一亩大蒜能收入 3 万元，是目前农户的主要收入。但是，大蒜种植业需要的化肥多，这也是 5 月、6 月因为降水使农田的 N、P 向洱海转移，导致洱海水质出现问题的主要原因。洱源县政府目前已经开展了把洱源养牛业产生的牛粪通过公司收集生产，每年可以生产3万吨有机肥。目前经过科学实验，以这种有机肥为主，可以减少大蒜田N的排放50%，P的排放70%，这是十分可喜的，这正是生态农业的一种产业链种植模式。当然，种植业的发展，政府一定要根据市场需要，做好确定种植品种、组织指导、技术指导、组织农民培训等工作，并且要为下一步的公司+农户、公司+农业合作社，以至农业集约化做好准备工作。

第四，大理州的生态精神文明，要以生态教育和培养生态公民为中心，弘扬各民族的生态文化传统。精神生态文明建设应当以生态教育为核心，大理州必须坚持把生态教育作为全民教育、全程教育和终生教育，把生态意识上升为全民意识和全球意识，倡导生态伦理和生态行为，提倡生态善美观、生态良心、生态正义和生态义务，让适度消费成为全社会的一种社会风气，要摒弃过度消费和用后即扔的不良生活习惯，培养节能环保的生态意识和生态行为，从自己做起，从小事做起。

中华传统文化充满了中国人世代传承的生态智慧。大理州各个民族都有热爱大自然、与大自然和谐相处的生态文化传统。我们调查的巍山县的彝族大竹村，就因为一直传承着彝族的称为“密枝林”的古老文化，村民对密枝林顶礼膜拜，任何人不得砍伐，甚至连枯枝落叶都不能动，使这个村子森林翠绿、泉水叮咚，绿水青山变成了金山银山，森林覆盖率高达80%，华山松的松子和核桃成为这个小山村的主打产业，人均拥有华山松林45亩，核桃林17亩，农户核桃每年收入最低3万元，最高达10多万元。全村每年产松子20多吨，收入近30万元。巍宝山的森林植被良好，有大片的元江栲林存在，也和彝族“密枝林”的古老文化传统息息相关。人们认识到没有绿色的森林，巍宝山的庙宇也会失去生态文化的价值和旅游的吸引力。大理州的其他各民族也都有热爱大自然、保护森林的生态文化传统，需要对这些优秀文化传统进行政策引导，通过乡规民约和生态教育对它们加以保护和传承，因为这些文化传统正是生态文化和生态文明的根。

税收政策促进生态农业发展的思考

大理州国税学会秘书长　那建美

洱海是大理人民的母亲湖，保护洱海是经济社会又好又快发展的基础和前提，洱海清则大理兴。眼下洱海流域的农村污水、垃圾、畜禽粪便和农业生产、农药、化肥有害残留等污染源依然存在，洱海治理和保护任务还十分艰巨。实施生态屏障、生态农业、生态工业、生态旅游、生态家园、生态文化等“七大体系”建设对实现生态安市、和谐安市、旅游兴市，发展洱海流域生态农业具有十分重要的意义。

一、大理洱海流域生态农业发展现状、基本经验做法和发展思路

大理洱海流域是全州内联外引的交通要塞，区位交通条件优越；地处横断山脉南沿、“三江”并流区，地形、地貌和气候复杂多样，水资源和生物资源丰富；农耕历史悠久，近年来农田、水利、道路、电力等基础设施不断完善，是大理州高海拔农业的主要产区。该区域农业发展面临着洱海环境保护压力大，耕地资源短缺，抗灾能力不强，规模化、产业化经营程度低等艰巨挑战。

大理州牢固树立“生态优先”的洱海流域农业发展理念，紧紧围绕以“两保护、两开发”为核心的滇西中心城市建设目标，大力发展洱海流域高效生态农业，通过调整农业产业结构不断提高农业生产效益和农业景观效果。近年来，大力发展园田化、清洁化农业，推动洱海流域的传统农业向现代农业转型。经过多年努力，大理生态农业建设取得了以下成效：一是推进农业结构调整，优化作物结构，合理轮作，扩大适销对路的蔬菜。目前已基本建成优质稻米、玉米、蚕豆、无公害蔬菜基地，扩大优质大荚豌、茭白、水生蔬菜等适销对路品种的种植。二是推广应用控氮、减磷、测土配方施肥技术，控制农业面源污染，保护农业生态环境，保护洱海。近年来，云南省将大理市列入农业部耕地地力调查和测土配方施肥项目实施，在提高肥料利用率、控制农业面源污染、保护农业生态环境、保护洱海、改善洱海水质等方面发挥了重要作用。三

是大力推进无公害农产品基地建设，开发无公害优质农产品。目前，已建成认证无公害农产品基地4866亩，推广应用无公害栽培技术，促进生态农业发展。四是做大做强特色花卉产业，促进农民致富增收。充分利用大理花卉优势，主要发展兰花、茶花、杜鹃花，创大理地区特有的花卉名品。

《大理州十三五高原特色农业现代化发展规划》提出要以洱海生态环境保护为核心，以“一控两减三基本”即：严格控制农业用水总量，减少化肥、农药施用量，地膜、秸秆、畜禽粪便基本资源化利用为目标，发展以绿色种植、畜禽标准化规模养殖和种养结合为特点的生态农业，重点开展农田环境生态化示范、绿色农产品生产示范、种养结合与循环农业示范、畜禽粪便综合利用示范及畜禽标准化规模养殖示范建设30万亩粮食生产基地、15万亩中药材基地、10万亩生态菜园、10万亩生态果园、5万亩特色花卉、5万亩生态桑园、10万亩种质资源保护及良种繁育基地，10万亩人工牧草、200个标准化规模养殖场、5万亩生态湿地及淡水渔业基地，打造100万亩洱海流域高效生态农业示范区。

二、洱海流域生态农业现行税收政策

（一）生态农业税收政策理论

1. 有关生态农业税收政策的一般原则

构建生态农业税收政策要坚持多予、少取、放活的原则。多予就是要尽量多地给予农业税收优惠政策，体现对农业和农民的优惠；少取是指取之有度，取之公平，避免农民承受过重的绝对税收负担；放活就是要做到正常税收水平下不影响农业生产者对经营品种和生产方式的选择，较充分地让市场发挥作用。

2. 有关生态农业发展税收优惠政策

税收优惠对农业倾斜，其范围并非仅仅指农业自身的种植业、养殖业等，还应包括农业生产资料，尤其是技术较先进且节约能源、有利于环境保护的生产资料的生产行业；涉农龙头企业，尤其是从事农产品深加工并大量吸收农村剩余劳动力的涉农龙头企业；直接服务于农业生产的社会化农业服务企业等，充分发挥税收政策的引导作用，使生态农业的现代化发展处于一个良好的氛围中。

（二）现行涉农税收政策的主要内容

现行涉农税收政策包括很多方面的内容，现选取由国税部门负责征收部分的主要内容，主要是国家为支持农业发展而制定的涉农税收优惠政策，列举如下：①企业所得税：国有农业企业、事业单位从事种植业、养殖业和农林产品、渔业等初级加工取得的所得暂免征收企业所得税；生产销售农膜、化肥、农机、农药免征企业所得税；农业技术咨询服务，农牧业技术转让免征或减征所得税；从事农、林、牧、渔业项目的所得皆可免征、减征企业所得税；涉农高新技术企业可享所得税优惠。②增值税：对农业生产者销售自产初级农产品免征增值税；对农产品简单加工免征增值税；免征蔬菜及部分鲜活肉蛋产品流通环节增值税。

三、税收扶持生态农业加工业发展存在的问题

生态农产品加工业作为连接农业与工业的桥梁，实现传统农业向现代农业转变的纽带，是需要重点支持发展的关键环节，但就税收政策而言，在支持范围、力度、效果等方面还存在一些与生态农业发展不协调的地方。

（一）税收政策不统一，优惠面过窄，制约着生态农业和农产品加工业水平的提升

现行税收政策规定国家级重点龙头企业可免征企业所得税，省级及以下认定的龙头企业没有此项优惠政策。市内大部分农产品加工企业均无法达到国家认定标准，在税收政策上就无法享受企业所得税优惠，制约了已是农产品加工龙头企业以及更多小微企业的发展。

税收优惠政策确定农产品初加工范围过于狭窄，免征增值税的效果不明显。

对农业投入物和农副产品加工业没有优惠税率或还不够优惠，保护支持力度不够，制约着农产品加工企业的发展。

（二）缺乏关于农产品深加工的税收优惠政策，生态农产品加工增值率低

现行税收政策对农产品深加工企业没有优惠政策，影响深加工的发展，目前大理州各类农产品深加工率还不足10%。从2008年1月1日起，从事农产品初加工等农、林、牧、渔服务业项目的企业免征企业所得税，而对精深加工项目则没有相应的规定。

现行税收优惠政策主要集中在生产环节，没有激励从农产品的初加工向深

加工转变的机制，割裂了农业产业链条的连续性，也相应提高了农产品加工企业的税负。

现行税收政策只对符合国家高新技术目录和国家有关部门批准引进项目的农产品加工设备，除不予以免税的进口商品外，免征进口关税和进口环节增值税，不利于农产品加工企业的设备更新、技术改造，使得农产品加工增值空间大为减小。

农产品加工企业增值税税负较重，具体表现在农产品深加工和精加工企业，如核桃油产品加工等农产品加工企业，其作为原料购进的大部分农产品按13%税率计提进项税金，销售时却按17%计提销项税金，税率差达4%。在这种税制下，即使农产品加工企业不增值也要交纳增值税。而只要企业加工增值，其增值税负就要高于其他工业品的17%，且加工增值率越小，增值税税负就越大，税费负担重，制约了生态农产品深加工的产业化发展。

（三）生态农产品加工体系链条不紧，扶持生态农产品加工业发展的税收政策未成体系

流转税对农产品加工企业的优惠政策制定不够细致，没有具体的优惠措施予以配套，优惠对象的覆盖面比较窄，缺乏对农业专业化生产、区域化生产的税收优惠政策，不利于扩大生态农业生产基地、提升生态农业生产规模。

（四）现行涉农增值税制对农产品经营存在征管缺陷

按照现行的税收政策规定，纳税人可自行开具农产品收购发票，然后凭借收购发票自行抵扣进项税额。从价格角度来看，纳税人为了多抵扣进项税额，就可以高开发票上的收购单价；从数量角度来说，农产品加工企业为了多抵扣进项税金，开票时增加数量，只要农产品的价格和数量没有订得太离谱，税务部门很难核查其真假，不利于农产品市场流通。

（五）现行所得税制对农产品加工业投资的激励作用有待加强

农产品加工业的特殊属性和地位决定其投资主体的积极性一般不高，资金来源窄，数量有限，而税收政策的助推作用没有发挥好也是制约其发展的重要因素之一。

（1）对个人来源于农业企业的投资分红收益，按现行政策须缴纳个人所得税，对于收益低、风险大的农业企业投资者而言，宁愿改变资金投向。

（2）对农民专业合作社取得的收入、社会捐赠等是否给予免税没有明确规定，对社会向农民专业合作社的捐赠，在企业所得税税前列支时遇到严格的政策限制。

（3）税收优惠形式单一，税收优惠手段主要是税收豁免和优惠税率，单一的税收优惠政策虽然可以在一定程度上减轻纳税人的负担，但不利于生态农产品加工企业的投资增长和技术进步。

（六）农业科技税收政策不协调，农产品加工产业后劲不足

生态农产品附加值的高低主要取决于其生产、加工、包装以及销售全过程的科技含量。在农产品的精深加工过程中，需要积聚更多的技术含量和以农产品贸易标准知识含量，使精深加工后的农产品能持续在市场销售中获取理想的经济效益和社会效益。一方面，我州农业科技研发投入少，农业科研经费占农业总产值的比重很小。另一方面，农业科技供给中，专业技术人员力量不足，从财政科技支农的角度看，农产品加工业没有特殊的科技税收优惠政策，对农业企业提供职业技术培训、就业服务的中介组织、教育培训机构等也缺少税收激励。

（七）生态农产品加工业制度环境有待优化，税收政策的引导作用不强

1. 环境税收制度不健全，农业生态环境恶化

涉农税收优惠政策大部分都是先后出台的，没有一个统率农村税收问题的纲领性权威文件，并且不同税种之间协调性较差，从整体上也未形成合力，不能达到预期的效果，影响了税收调节经济作用的发挥。农产品精深加工的最终产品必须是安全、优质的消费品，相应为其配套的大面积基地必须实现标准化生产，大大减少和控制农药、化肥、污染水源的产生，同时在收购、储藏、加工过程中，也要避免农产品损耗污染。我州农副产品的深度加工和综合利用仍然还停留在初级阶段。

2. 税收管理和服务意识不够强，优惠政策有待于进一步落实

农村地区的纳税环境不论在软件还是硬件方面与城市相比都普遍存在差距，部分农村地区税收宣传的力度还不够，税务部门还有极少数办税人员税收管理和纳税服务的意识不够强。部分初次到办税大厅来办理税务登记、申报纳税的乡镇企业到了办税大厅以后不知所措，更不可能充分合理利用国家的涉农税收优惠政策，导致国家出台的相关农产品加工的税收优惠政策在极个别企业和地方没有贯彻落实到位，在某种程度上影响了企业生产经营的积极性，加重了企业税负。

（八）缺乏必要的农业生态税

20世纪90年代以来，许多西方国家都针对化肥、农药等农业投入品开征农业生态税。通过开征这种税，将农业生产者对环境造成污染的成本内部化，从而引导农民减少化肥、农药等的使用，鼓励发展有利于生态环境保护的生态农业。20世纪90年代，瑞典、奥地利和芬兰等西方国家开征化肥和农药税，其收入专用于对农业部门的环境投资。中国目前的生态税是空白，税收的绿色化程度不高，专门针对农业生态环境保护设置的农业生态税更是无从谈起。普通农产品生产过程中使用化肥、农药造成农业环境污染等外部性成本不是由生产者承担，而是转嫁给了社会。农业生态税的缺失会使初级农产品生产者为增加产量过度使用化肥、农药等生产资料，这与发展生态农业的理念相违背，并最终制约生态农业现代化的发展。

四、税收支持生态农业发展对策建议

涉农税收政策应本着多予、少取、放活的基本方针，充分发挥税收的宏观调控职能，在认真清理现行涉农优惠税收政策的基础上，进一步降低税负，从而降低农业生产资料税负的角度打开突破口，发展劳动密集型的生态农业，促进农业资源的合理配置和农村产业结构的调整，最终促进生态农业现代化快速发展。

（一）优化调整支持生态农业现代化发展的所得税优惠政策，促进涉农企业做大做强

优先扶持上规模、竞争力强、效益好、带动农民增收作用显著的龙头企业，搭建工业园区和农业龙头企业发展平台，做大做优农业龙头企业，促进生态农业产供销、农工贸相结合的经营机制形成，不断提高农业产业化经营的组织程度，更好地促进农业企业的发展。

（二）完善农产品加工业增值税制度，促进农产品加工企业与农民建立合理的利益连接机制

减免农户在购买生产资料时所负担的全部增值税。

减轻农业龙头企业的增值税税负。特别是对农产品深加工企业采取一定的税收优惠政策，对从事农产品深加工的企业，建议三年内免征增值税，对产业化龙头企业，特别是特色农产品培育基地等，在产品深加工以及经营和销售上给予相应的税收优惠，强化生态农业的集约化效应，提升农产品附加值。

从税制角度出发，取消农户销售初级农产品免税的规定，保证增值税流转链条的完整，参照个体工商户增值税的起征点确定农户增值税起征点，销售额高于增值税起征点的农户认定为增值税一般纳税人，可以开具增值税专用发票，而作为小规模纳税人并享有免税待遇的农户，在销售农产品时，仍由农产品收购、加工企业开具收购凭证。这样一方面可以为农产品加工业创造良好的税收环境，解决现行农产品深加工企业增值税高征低扣的问题；另一方面可以在一定程度上防范利用农产品收购凭证虚开虚抵增值税进项税额，堵塞征收漏洞，防止税款流失。

完善涉农产品经营的增值税政策，促进生态农产品的流通。可以对现行农产品收购税收政策进行改革，取消农产品加工和经营企业收购农产品的进项税额抵扣规定，有利于农产品的市场流通，从而促进农业生产者调整结构，增加经济效益。在此基础上，可以对农产品加工和经营企业实行超税负返还或超税负即征即退政策，加强对农产品收购行为的监督管理，杜绝虚假的农产品收购行为，防止一些农产品加工和经营企业长期无税的现象。

（三）充分发挥税收政策调节和引导的作用，进一步加大税收政策促进生态农业科技发展水平和可持续发展

全额抵扣农业企业购买机械设备和无形资产的进项税额，鼓励农业企业使用新型现代化的机械设备和新技术、新工艺。

鼓励农业企业直接承担科研项目的研发，开发新产品、新工艺所发生的各项费用，可取消目前对研发费用列支的一系列限制条件。企业所得税法规定，在企业盈利的条件下，工业企业的技术开发费比上年实际发生额增长达到10%以上（含10%），其当年实际发生的费用除按规定据实列支外，经税务机关审核后，可按其实际发生额的50%直接抵扣当年应纳税所得额，对超过当年应纳税所得额的部分，当年和以后均不再抵扣。经税务机关审核后，可将其费用发生额的50%加成抵扣应纳税所得额。

对符合条件创新发展的绿色农业、生态农业和循环农业产业，如高端葡萄酒酿造、生物化工新产品等生物新产业，应积极给予相应的税收优惠。

（四）优化生态农业发展的制度环境，充分发挥税收政策效应

通过税收优惠政策促进生态农业和农业示范区建设，科学化、生态化、产业化发展生态特色农业，把农业现代化发展与保护自然资源作为促进农业经济和生态环境全面协调发展的重要内容。

利用税收优惠政策促进农产品的深度加工和综合利用，给予企业所得税减税甚至免税，促进生态农业产业结构和资源配置向有利于环境保护的方向调整。

适时开征农业生态税。目前，由于缺乏真正意义上的生态税，使得税收对污染环境行为的调控力度有限，也未能形成稳定的专门治理和保护生态环境的财政资金来源。由于农业生态税的缺失，对农业生态环境的保护和调控更是显得苍白无力。因此，为增强税收的生态功能，应加快税收绿色化改革进程。适时对化肥和农药等投入品的使用开征农业生态税，并以化肥和农药等对农业环境造成的污染程度来设计差别化的税率。这样，那些生产过程中大量使用化肥、农药等的普通农产品会因承担相应税收而增加生产经营成本，而高原特色农业所倡导的绿色生态农产品不需要承担，或很少承担此类成本而相对降低经营成本。通过生态税种的介入会使特色绿色生态农产品相对更具有成本和市场价格竞争优势，最终达到保护农业生态环境和促进生态农业发展的目的。

（五）规范落实税收优惠政策

各级税务机关应加强纳税服务和管理，为生态农产品生产、加工、流通和经营创造条件，通过认真落实已经出台的各项税收优惠政策，切实减轻农产品加工企业的税收负担。做到：转变观念，从以管为主向以服务为主转变，支持农业产业发展；加强对涉农税收政策宣传辅导，特别是对边远地区和中小型农业企业要及时送达的政策；简化办税程序，及时办理企业的免抵退税手续。加强政策调研，研究生态农业发展过程中出现的新情况、新问题，进而完善相关政策。

（六）着力提高纳税服务水平

及时公开并落实好税收优惠政策，使得税收政策发挥应有的作用。一是整理归类农业税收优惠政策。按照税法宣传透明高效的原则，将出台于不同时期、不同经济背景下，散见于各种法规、文件和补充规定中的农业税收优惠政策进行清理、归集和分类，汇编成册，无偿提供给纳税人参阅。二是简化办税程序。在保证监控有力、税收不流失的情况下，允许特事特办，在生态农业现代化发展的特殊时期，建立绿色通道，简化办事程序，减轻纳税人的办税成本。三是做到主动服务。建立重点企业走访制度，定期深入企业了解情况，通过经常性的税企联系，畅通税企沟通渠道，既方便为纳税人提供各种跟踪服务、动态服务，又便于及时掌握税收优惠政策的落实情况。

（七）构建促进生态农业现代化发展的社会化服务体系的税收政策

加快构建生态农产品的市场流通体系，加强对农业信息服务的税收优惠政策，对参加生态农业推广信息基础投资的企业实行减免企业所得税、投资设备加速折旧等税收优惠，吸引更多信息化企业参与对生态农产品的宣传投资，对其提供信息服务的利润所得可免征或减征企业所得税，实现投资主体的多元化。加强对生态农业现代化发展提供金融服务机构的税收优惠，为办理支持农业产业化发展资金信贷业务的各类金融机构提供更为宽松的税收优惠政策，吸引信贷资金投向农业实体经济，加强生态农业合作组织的组织化、集约化、产业化建设，强化生态农业专业化生产加工基地的建设。

总之，税收政策作为国家产业政策一个重要的组成部分，在推进生态农业现代化发展进程中具有十分重要的作用，要使税收调控效应更加明显，应与全省发展生态农业的各项财政支持政策紧密结合，在不断加大地方财政资金扶持生态农业发展力度的基础上，进一步发挥税收的宏观调控作用，提高税收支持的绩效。

精准扶贫

大理州扶贫工作的印象和思考

云南省扶贫办党组成员　杨根全

感谢大理州各位领导和社科联各位专家们的盛情邀请和热情接待，使得我们能有这样一个难得的机会观察和学习。下面我就这几日的所见所闻作一梳理和思考，从扶贫工作角度来观察大理市、祥云县、宾川县的一些变化，观点仅代表个人意见，不一定准确，调研和思考还不够深入，希望能对大理市及两个县有所助益。

一、好的方面

（一）洱海生态保护工作

洱海是云南省第二大高原淡水湖，是全国第七大淡水湖，也是大理各族人民赖以生存的"母亲湖"。由于生产、生活等方面影响，洱海受到了一定程度的污染。2015 年 1 月，习近平同志到大理考察时在洱海边作出"立此存照，过几年再来，希望水更干净清澈""一定要把洱海保护好，让'苍山不墨千秋画，洱海无弦万古琴'的自然美景永驻人间"的重要指示，由此拉开了洱海流域环境综合整治工作，大理州启动洱海保护治理严控排污、节水灌溉、河长制等"七大行动"。经过全市共同努力，短短两年多的时间，洱海生态保护取得了较好的成绩，得到了较大恢复，洱海水质在短期内取得了明显改善，2017 年 1 ~ 5 月份洱海全湖水质总体保持在Ⅱ类，6 ~ 10 月份为Ⅲ类，不仅作为全国的样板，也为云南省九大高原湖泊乃至国内湖泊防污、治污等管理提供有益的借鉴。

另外，洱海科普教育中心（洱海生态保护博物馆）的建设也很有必要，集洱海科普、展览、观光等多种功能于一体并富有民族特色的科普教育基地。通过实物、标本、图文展板及多媒体模拟展示了洱海地质演变、人文习俗、洱海历史及现状、洱海治理保护、生态文明建设等相关内容，不仅给人以比较直观的感受和想象空间，也是洱海流域生态环境智慧监管中心及洱海流域环境信息监控中心。中心还呈现了161种洱海周边区域岩石、矿产资源标本和334种生物标本，为广大市民特别是青少年打造了了解、学习洱海流域生态系统的现场课堂，也为专家学者打造了调研、查询大理生态环境的研究室。

（二）扶贫攻坚方面

大理州在扶贫攻坚工作方面，整体上走在了全省的前列。今年该州共有四个县申报脱贫出列，占全省2017年计划申请脱贫摘帽县的1/5。在我们所参观的祥云县、宾川县均是2017年计划申请脱贫摘帽县。这两个县对照云南省贫困县退出五条标准，围绕综合贫困发生率、人均可支配收入、县域义务教育发展基本均衡等方面反复开展自检自查和评估工作，认为该县贫困退出的各项指标都能够达到要求。

（三）祥云县扶贫工作情况

祥云是全国集中连片特殊困难地区中的滇西边境山区县，属云南省扶贫开发工作重点县，辖8镇2乡，2016年年末总人口为47.98万人，动态管理后全县精准锁定贫困对象8642户31731人。

在管理架构方面，该县在准确把握县情的基础上，研究出台了“1+2+7+X”政策体系，即脱贫攻坚决定+3年工作计划、脱贫摘帽实施方案+“七个一批”工作方案+行业部门行动计划，制订了17个行业部门的专项行动方案，明确了时间表、任务书和路线图、施工图，各项工作同步规划、同步部署、同步推进。整合项目资金，加大资金投入，基础设施较为完善，有效地促进了产业发展，如实施路网建设工程、村基础设施项目、宽带乡村工程等。实现行政村100%通硬化路，实施50户以上自然村和直过民族地区自然村道路硬化工程，实现移动4G网络100%覆盖全县所有行政村、易地扶贫搬迁安置点和农宅统规点，实施村间环境提升改造，建设宜居家园等。易地搬迁工作也做得比较细致。精准规划布局，充分尊重群众意愿，严格做到“厨卫入户”“人畜分离”，科学配套完善基础设施建设，结合集中安置点的自然条件和产业布局，以养殖小区为依托，进一步落实村企结对带动养殖等措施，让搬迁户参与龙头企业、专业合作社生产经营和产业开发，确保搬迁群众搬得出、稳得住、能脱贫。

从产业方面看，该县一、二、三产业均较发达，龙头企业的规模较大，带动扶贫强，21家企业帮扶21个贫困村精准对接，成为全省学习的榜样。工厂扶贫模式做得也较早。“企业+合作社+贫困户”的产业带动模式做得也较规范。另外，该县还动员县级挂包单位及干部转变“给钱给物”的帮扶方式，实施“后备箱”工程，采取帮助推销或直接购买农户农副产品等方式，让贫困户实现持续增收等。

（四）宾川县扶贫工作情况

宾川县地处金沙江南岸的干热河谷地带，辖8镇、2乡，总人口36.3万人，农业资源丰富，素有“天然温室、热区宝地、高原葡萄城、南国吐鲁番”之美称。2017年贫困对象动态调整后有建档立卡贫困户3598户12251人，贫困发生率4.09%。

宾川县的葡萄、柑橘等产业发展让人印象深刻，形成了全省乃至全国具有竞争力的县域产业。其具体做法：一是创新产业扶贫模式。大力推广“党支部+龙头企业+贫困户”党建扶贫双推进模式、“党支部+红色旅游+农户”旅游扶贫模式”和“党支部+互联网+农户”电商扶贫模式，带动贫困户增收致富。县内17家企业、农民专业合作社与3680户建档立卡贫困户建立了利益联结机制，实现企业帮扶贫困户全覆盖。全县23个贫困村实现每个村至少组建一个农民专业合作社，力争每年每个贫困村集体经济收入达5万元以上。二是培植脱贫致富产业。整合产业发展资金1.1亿元，发放信贷产业扶贫贴息贷款7.5亿元，扶持5706户建档立卡贫困户发展产业。截至目前，全县贫困户发展葡萄9148亩、烤烟6597亩、冬桃7546亩、核桃9726亩、花椒17604亩、苹果753亩、梨600亩、蔬菜7076亩、中药材3529亩；养殖生猪27134头、生态鸡81360羽、牛羊17906头（只）。三是创新销售方式。结合“全国有机农产品认证示范创建区”“国家级农产品质量安全县创建”和“宾川红提葡萄”“宾川朱苦拉咖啡”“宾川柑橘”等品牌优势，利用“互联网+”模式，创新农产品网络销售平台，拓宽销售渠道，让农特产品种好、卖好。2017年以来，全县实现农特产品电子商务销售5000余万元。

还有一些有特点的好做法：如抓生活习惯观念转变方面，当地有一些因传统习惯致贫、返贫现象，如白事大操大办、部分群众信仰迷信等。因此，该县把教育帮助部分贫困群众养成好习惯当作帮扶的大事来抓，通过开展“干部基层百日行”活动，加强乡风文明建设，用群众喜闻乐见的方式大力宣传社会主义核心价值观，引导群众养成良好生活习惯，从而避免因生活习惯观念等致贫、返贫现象发生。在教育扶贫方面，创新特惠帮扶政策。投资500万元教育帮扶资金，重点帮扶全县2014—2016年建档立卡的贫困户子女就学困难，并实现全覆盖，对农村低保家庭学生、农村特困救助供养学生、非建档立卡家庭经济困难残疾学生给予享受特惠教育帮扶，全面构建“普惠+特惠”“卡内+卡外”“义务教育内+义务教育外”的教育帮扶模式。同时，对建档立卡户学生、农村低保家庭学生、农村特困救助供养学生、非建档立卡家庭经济困难残疾学生因病因灾、因家庭变故、突发事件等造成的家庭经济困难给予享受特惠政策救助，有效杜绝因学致贫、因贫失学、因学返贫现象发生。

二、一些建议

（一）乡村整治再下功夫

村容村貌还可以进一步提升，使其美观化、卫生化。以此扶贫为契机，提升乡村公共治理工作。如管理方面是否可以采取“各扫门前雪”的方式，公共区域和设施管理等方面量化到户，把名牌等都挂上，形成一个集体的、公共的村庄管理新模式，再给全国树立一个乡村公共设施治理管理的新样板。

（二）扶贫就业再挖潜力

除了护林员、卫生员等公益岗位增加贫困人口就业之外，如祥云县的工厂扶贫车间、其他新建工地等，可以让一定比例的建档立卡户就业，也是一种“就地用工、贫困户优先”模式。

（三）提升地区综合竞争力方面还需再斟酌

大理市在统筹区域发展，优化人居环境，推进城区改造提升，全力构建宜居城市方面做得较好。但我们注意到近年来该地区房价上升很快，远超周围州市，这对该地的经济发展、社会稳定可能影响较大。适宜、稳定的房价非常重要，一地长期稳定的房价，而且是相对较低的价格，有利于提升该地综合竞争力。相反，高房价是个硬伤，它可以使地方成本上升、生产服务等竞争力下降。建议在城市规划改造中设计引导好，以保持长期的竞争优势和吸引力。

（四）金融扶贫方面

一地区金融生态环境的好坏和该地经济发展与扶贫成效基本上呈正面互动关系。政府主导扶贫很大程度上需要给金融机构提供必要的征信措施，才能引导金融活水流到贫困户、新型经营主体上，从而持续带动更多的贫困人员脱贫致富。

（五）农产品质量控制要做好

“云品出滇”的关键是食品质量安全、标准化，把非标准品做成标准品，要防范分散生产管理中农户用药用肥等方面的安全性，应当设立风险预测、预警机制和提出管控办法。另外，不妨考虑当地学校、医院、政府机关后勤食堂所需农产品先采取“就地取材、贫困户优先”的模式，规模化生产、采购、流通和消费，这不仅提高了农产品流通效率，降低了采购成本，又解决了食品质量安全控制，解决了城里人想吃有质量保障的农产品的愿望，也解决了农户生产高质量农产品有稳定销售渠道的问题，同时也使精准扶贫稳定持久。另外，大理独头蒜是国内“我有人无”的反季蔬菜产品，规划得好的话，可以成为一个脱贫致富的好产业。应当以治理洱海污染源为契机，统一管理规划，抓好大蒜节水控肥工作，这既可以改善产品质量，又可以提高商品售价，也做好了保护洱海生态的工作。

大理州精准扶贫决策咨询报告

云南农业大学经济管理学院副教授　李　皎

2017 年 12 月 5～10 日，41 名省内外社科科研人员就党的建设实践、精准扶贫和精准脱贫、生态文明建设、民族团结进步示范区建设、高原特色农业产业发展和洱海保护治理等重大理论和实践问题，分两个组分别对大理市、祥云县、宾川县、巍山彝族回族自治县、洱源县四县的工业园区、农业庄园、脱贫攻坚工作、洱海保护、民族团结进步示范村、爱国主义教育基地、社科普及示范基地等进行考察调研，开展座谈交流。本小组在“云南社科专家大理行”调研咨询活动中详细调研了大理州精准扶贫、精准脱贫的情况，现根据调研内容总结如下。

一、大理州脱贫攻坚工作总体情况

大理州作为全国 14 个扶贫片区“滇西边境片区”的主战场，12 县市中 11 县是贫困县，目前全州贫困人口有 55987 户 198470 人，贫困发生率为 7.01%。全州山区面达 95% 以上，少数民族贫困人口占 60.37%，贫困人口分布点多面广，主要分布在民族地区、深山区、石山区，致贫原因复杂交织，多为贫中之贫、困中之困，脱贫成本高、见效慢、难度大。

2017 年以来，大理州深入学习贯彻习近平同志扶贫开发战略思想，坚决贯彻中央和省委打赢脱贫攻坚战重大部署，突出“巩固提升”和“年度攻坚”两大主题，始终坚持精准导向、问题导向、目标导向，紧紧围绕“10 万贫困人口脱贫、94 个贫困村出列、5 个贫困县摘帽、3 个县达到脱贫摘帽标准”的年度目标任务，全面落实“两不愁、三保障”“五个一批”“六个精准”和“七个强化”的要求，压实脱贫攻坚领导责任和工作责任，以攻坚的勇气和“绣花”的功夫，全面找问题、补短板、促攻坚，通过贫困对象动态管理、易地扶贫搬迁整改、产业和就业扶贫、安全住房和就医就学、贫困地区基础设施、构建大扶贫格局、贫困群众满意度、“两个责任”和“百日行动”九个聚焦精准抓实各项扶贫措施落实。

二、大理州脱贫攻坚工作中的困难和挑战

（一）脱贫基础不稳固

贫困地区发展基础薄弱，贫困村普遍存在基础设施和公共服务设施滞后的问题。基础设施薄弱使得抵御自然灾害能力弱，这是制约贫困地区发展的最大瓶颈，同时水、电、路等基础设施不健全，存在“白天一身灰，雨天一身泥”的现象，俗话说：要想富，先修路，以道路建设为例，交通落后使当地不能便利地与其他地区进行贸易，阻碍了当地的发展；同时在山区、半山区自然村存在通行通畅、生产生活用水困难和教育、卫生等公共服务保障能力弱的问题。

全州有36个行政村未通硬化道路（其中贫困村17个），18个行政村未达到通电标准要求，7个村未达到网络宽带覆盖要求，32个行政村未达到饮水安全要求，128个行政村未达到标准化农村卫生室要求，25个行政村无公共活动场所。安全住房保障方面还有11255户50462人住房达不到安全稳固，占20.1%；加之自然灾害频发，因灾、因病等问题返贫情况时有发生。

（二）易地搬迁进展难

让群众“挪穷窝”“斩穷根”是脱贫工作中矛盾最集中、领域最综合、工作链条最长的工程，往往会“牵一发而动全身”，涉及移民和迁入地居民等多方利益。实际中“搬”与“迁”要在群众自愿的基础上进行，一方面，在传统观念中村民往往会认为“搬迁是家道没落”，是搬动祖先基业，使搬迁工作开展较难；另一方面，贫困山区土地资源稀缺，经济发展滞后，群众自筹自建能力相对差。

（三）脱贫内生动力弱

目前，贫困户脱贫内生动力不足的问题在一些地方不同程度地存在，主要表现在：一是“不愿”。部分贫困户把贫穷当作一种习惯，主观上或不具备脱贫摘帽的心理准备，或缺少主动脱贫的意愿。二是“不敢”。受条件所限，部分贫困户发展信心不足，不敢突破自身局限脱贫致富。三是“不能”。由于发展生产要素短缺，虽然有脱贫致富的想法，但心有余而力不足。四是“不会”。部分贫困户在脱贫工作中找不到切入点和突破点，不知如何脱贫。

全州的建档立卡贫困人口中，初中及以下学历人口达14.27万人，因病、因残、自身发展能力不足贫困人口达8.17万人，全州“精神贫困”和素质型

贫困问题突出，贫困群众观念守旧，发展思路缺乏，部分贫困户脱贫积极性不高，存在“守贫”思想，自身动力不足；有的贫困群众“等、靠、要”思想严重，脱贫主体作用发挥不明显。少数非建档立卡户存在心理不平衡，导致“争穷”现象。

（四）督查考核缺统筹

督察考核在扶贫工作中起到关键作用，脱贫的任务非常艰巨，要加强对扶贫的督查考核，才能确保真正的脱贫。督察力度不合理会影响到扶贫工作的进程，如监察频率过高会影响下一级干部的扶贫工作的效率；同时贫困退出考核评价体系不够完善，考评人员安排、考评方式等方面还有待改进，对督查督办的责任分工还需要进一步明确。

（五）干部责利不匹配

“脱贫攻坚是干出来的，靠的是广大干部群众齐心干”，脱贫攻坚到了攻克最后堡垒的阶段，干部状态决定攻坚状态，广大基层扶贫干部是打赢脱贫攻坚战的生力军。基层干部按照“用心、用情、用力开展扶贫工作”的要求，扎根农村、心系群众、艰苦奋斗，努力当好贫困群众脱贫的“催化剂”和“助推器”，但干部责利不匹配会对扶贫工作产生消极影响，扶贫攻坚干部的“最小权力”也会给工作积极性带来不利影响。

三、大理州脱贫攻坚工作的应对措施

（一）倾斜边远贫困区，稳固脱贫基础

发展基础设施需要完善以政府为主导、多元化的投资体系，发挥政府的政策导向作用，引导农村集体、农民、企业及社会闲散资金投资到基础设施的建设之中，切实加大财政对农村基础设施建设的投资力度，构建发展农村基础设施建设的长效机制；加强配套设施建设，尽快改善群众居住条件保障群众的住房、交通、就医、就学等问题。

（二）到位措施全覆盖，推进易地搬迁

一是建立村民对政府的认同感，做好群众工作，建立农村居民对政府的认同感，赢得群众的理解和支持；二是促进村民生存与自我发展能力的提高，政府需要制定相应的政策，帮助搬迁村民尽快适应新的环境和生活，增强村民的自我开发能力；三是提高村民的职业技能和谋生能力，开展村民的培训知识和技能培训，让村民们可以通过专业技能的提高，掌握一些技巧，改善家庭状

况；四是高度重视文化生活，要重视易地扶贫搬迁领域的文化生活，使扶贫对象尽快适应新的生活环境。

（三）约束机制制度化，增强内生动力

脱贫的主体是群众，只有群众本身具有强烈的脱贫内生动力，有摆脱贫困、实现全面小康目标的内在自觉，才能迸发出强大的驱动力量，从而打赢脱贫攻坚战。开展精准脱贫，要从引导群众从愿脱贫、能脱贫、敢脱贫、会脱贫上着手，创新扶贫工作方式方法，改造贫困农户的依赖思想和守旧意识，逐步提高贫困农户自我发展能力，实现可持续、有质量的脱贫。

要尊重和发挥贫困农户在扶贫开发中的主体作用，一要转变贫困户的观念，引导群众愿意脱贫；二要提升贫困主体的发展基础，支撑群众有能力脱贫；三是发展脱贫引路典范，推动群众会脱贫；四是尊重群众意愿能力，从教育、产业、社会保障等方面，确保群众敢于脱贫。

（四）公正考评显实效，统筹督查考核

督查考核工作应科学合理。一是整合各级督查力量，合署督查，减少督查的规模与频次，让乡镇干部有更多的时间深入村寨、农户开展工作，在合理督查的基础上让广大干部更加全身心投入到扶贫工作中去；二是进一步完善贫困退出考核评价体系，加强基层举证说明环节，让基层有更多话语权，更科学全面评价脱贫成效；三是探索完善乡镇干部容错机制，鼓励乡镇干部在不突破政策红线的基础上最大限度地发挥主观能动性；四是细化工作措施，对工作任务采取内网通知、电话督办、上门对接、督查专报等措施，实时跟踪工作进展、资金落实情况，及时汇总上报工作进度情况。

（五）效率与效益兼顾，匹配干部责利

推进扶贫开发攻坚，干部是决定因素，在工作中基层干部责利要匹配，一是人性化考核扶贫干部的工作成效，如何评价干部的扶贫绩效，扶贫考核起着指挥棒的作用，精准扶贫，也要“精准考核”。要以更科学的方式，引导广大干部把以往的大水漫灌式扶贫转变为精确滴灌式扶贫，直接有效地促进民生改善，加快脱贫步伐。二是提高扶贫干部在精准扶贫工作中调动和整合资源的权力和能力，在扶贫工作中，不能只下达命令，而不下放权力；对于下一级扶贫干部的工作要给予充分的权力，才能让干部们更好地开展扶贫工作。三是重视扶贫干部反映的问题，并及时高效地帮助其解决面临的困难。对于干部面临、反映的问题要及时解决，这样才不会影响干部的工作进度。四是适当提高基层扶贫干部的相关福利待遇和政策支持力度，在“能上能下”的原则下，让领导干部的利益与扶贫的业绩“绑定”，既讲责任，也讲制度，还讲利益，才能让扶贫工作在领导干部的日程表中排在更靠前的位置。

乡村振兴

乡村振兴要明确的两个问题

中国农业大学农业文化研究中心主任、农民问题研究所所长、教授、博导　朱启臻

为落实党的十九大精神和习近平同志视察云南考察大理的重要讲话精神，中共云南省委宣传部、省社会科学联合会、中共大理州委和州政府主办了“云南社科专家大理行”活动，来自全国20多位社会科学专家，从2017年12月6日到10日进行了为期5天的考察活动。我作为其中一员有幸参加了本次考察，先后到大理市、祥云县、宾川县进行调研，参观了美丽乡村建设、易地扶贫搬迁安置点、现代农业企业、特色农业等，收获很大。发现大理市有一批“懂农业、爱农村、爱农民”的领导和带头人，对大理的农业和农村发展定位合乎规律，符合实际，抓住了地方特点，突出了特色，有很多理念和经验值得全国借鉴。根据本次调研体会结合全国其他地方的一些情况，就发展什么样的农业和建设什么样的乡村谈谈自己的看法。

一、发展什么样的农业

十九大报告提出实施乡村振兴战略，要求按照产业兴旺、生态宜居、乡风文明、治理有效、生活富裕的总要求，建立健全城乡融合发展体制机制和政策体系，加快推进农业农村现代化。其中，产业兴旺是乡村振兴的基础，而农业产业是其主要内容。发展什么样的农业才有利于产业兴旺？这是乡村振兴首先要考虑的问题。过去几十年，农业有了长足发展，不仅解决了温饱问题，也为国家农业安全奠定了基础。但是如何通过农业提高农民收入，在全国来讲依然是一个难题，这个问题不解决，农业留不住人才，乡村振兴就没有基础。为适应增加农民收入要求，适应国家农业供给侧改革需要，为保障国家的农业安全，大理农业发展经验告诉我们，应该发展三种农业：特色农业、融合农业、组织起来的农业。

（一）发展特色农业

特色农业是指在特定的地理环境下，凭借独特资源条件所形成的具有独特产品品质以及特定消费市场的特殊农业类型。特色农业是天时地利人和在农业生产上的具体反映。不可替代和复制是其重要特征之一。其他地区或不能生产，或产品品质不能保障，或成本过高，使得该农业类型在特殊区域保持着独特优势。大理州把现代农业产业发展方向定位在高原特色农业，就是充分利用这样的优势。如宾川是云南乃至全国太阳能资源最丰富的地区之一，空气透明度高，太阳辐射强，日照时数长。因特殊的地理气候条件，这里所生产的葡萄与其他产区相比，具有丰产性好、成熟上市早、果大均匀、整齐度好、色泽鲜艳、糖分充足、营养充分等优点。蔬菜、烤烟、经济林果、畜牧养殖、中药材等高原特色农副产品，都具有很强的市场竞争力。高原特色农业成为大理州农业增效和农业增收的主渠道，也是乡村振兴的重要产业品牌。

发展特色农业要遵守做精做强的原则。过去我们发展农业有个误区，就是不顾客观条件一味强调“做大做强”，过于重视量的增长，结果是产量上去了，品质下来了，导致产品过剩。谷贱伤农，是农民增收困难的重要原因之一。特色农业要在“特”字上下功夫，不是要盲目扩张面积和产量，而是要“少而精”“精而强”，不是靠数量取胜，是靠品质取胜，这符合国家农业供给侧改革的方向，也符合农民增收的需要。

大理州的特色农业，不仅要突出农业类型和品种的“特色”，更重要的要突出大理的地域特色，赋予农产品以大理地区自然、经济和社会文化特征。具体说，要突出四个特色：第一，突出环境特色，发展有机、绿色农产品。大理自然环境优越，污染较轻或无污染，具有发展有机、绿色农产品的环境条件。第二，突出物种资源特色。特殊的地理环境形成了丰富的珍、野、稀、名、特物种资源，是发展特色农业的“宝库”。经过多年的发展，大理享有“中国核桃第一州”“中国水果之乡”“乳牛之乡”“中国西部优质早熟鲜食葡萄基地”“中国食用野生菌集散地”“国际兰花、茶花、杜鹃花著名产区”“云南小粒咖啡发源地”等多种美誉。这为大理特色物种资源合理开发，将物种资源优势转化为经济优势奠定了很好的基础。第三，突出气候特色。河谷热、坝区暖、山区凉、高山寒的立体气候，使大理在发展多种地方土特农产品方面具有优势。气候特色不仅可以生产出特色农产品，还可以通过气候差、季节差获得市场空间。第四，突出民族特色。大理作为以白族为主的民族聚居区，农业生产与生活中体现着浓郁的民族文化，农业生产及农产品与民族文化的融合不仅是农产品品牌的重要内容，也是大理特色农业不可替代和复制的独特优势。

（二）发展融合农业

2016年的中央一号文件作出部署，“推进农村产业融合，促进农民收入持续较快增长”。探讨推进农村产业融合发展问题，对于推进农业供给侧结构性改革和促进农业、农村经济发展方式转变，实现乡村振兴总目标具有重要现实意义。我们在祥云县考察了祥云县圣龙农业庄园，这是一个农业产业融合的典型。该庄园按照“有主体、有基地、有加工、有品牌、有展示、有文化”的总体要求，遵循“因地制宜、统筹布局、生态环保、绿色有机”的原则，投资1.3亿元。在5000亩规划面积中，形成了现代农业示范、观光农业旅游、休闲娱乐、优质农产品加工、科普教育等农业功能，把农产品的生产、流通、加工、观赏、休闲等环节连成一体，实现产出多样化、经营规模化，有效促进农业增效，带动农民增收，对发展融合农业具有多方面的启示。

发展融合农业的理论依据是经济学的产业链理论、社会学的农业多功能理论和心理学的消费者需求理论。消费者对农业需求已经从温饱型转变为对提升生活质量的需要，或者说从满足生理需要发展到满足精神需要的阶段。农产品营养与安全，包括色香味在内的特殊品质、多样农产品形态、品牌与文化等均是精神需求的重要方面。要满足消费者多层次需要，农业必须向融合产业发展。农业的多功能性恰巧可以满足人们不同层次的精神需要。深入挖掘农业价值，可以为农业产业融合提供依据。就农业产业融合路径而言，主要有两种途径可以选择：一是农业产业链的延伸。农业产业链条可以涵盖农业生产的产前、产中、产后各个环节，从农业产前的农资生产与技术开发到农业生产过程中的社会化服务，再到产后的农产品贮藏、深加工、运输、销售等环节，按照经济学的理论，产业链延伸可以实现农业的增值增效。二是农业功能的扩展。从传统农产品生产功能拓宽到农业生态、生活、休闲、度假、教育与创意产业等，拓宽农业收入空间，特别是近些年文旅农的融合，成为农业增收的有效途径。需要指出的是，农业产业融合的首要目的是增加农民的收入，激发农民从事农业生产的积极性，产业融合的主体应该是农业生产者，发展融合农业不应排斥农民。因此，大力培育农业新型经营主体特别重要。大理州引导家庭农场、专业大户、农民合作社、产业化龙头企业等新型主体发展庄园经济是农业融合的有益探索。

（三）发展组织起来的农业

农业组织建设是现代农业的基础，也是实现农民增收和维护农民利益的保障。什么样的农业组织有利于农业的发展，有助于实现农民利益，这是发展农业必须明确的前提。否则，我们花大力气发展的农业可能会南辕北辙，背离农业发展的初衷。农业组织建设要特别注意以下三个方面。

第一，必须清楚家庭经营是农业经营的基本形式。十九大报告指出要保持土地承包关系稳定并长久不变，第二轮土地承包到期后再延长三十年。同时指出，要实现小农户和现代农业发展有机衔接，这保证了家庭经营的长期性和稳定性。家庭经营作为中国农业经营的基础，是由农业特点和家庭特点所共同决定的。农业劳动对象的生命性、农业生产的地域性、季节性和周期性等性质决定了农业劳动不仅需要丰富的经验和技术，更需要高度的责任感、自觉性、主动性和高度的灵活性。而家庭特点恰好与农业生产特点相吻合，决定了家庭是经营效率最高、风险最小、成本最低的农业经营方式，只要农业生产特点不变，农业经营的家庭方式就不会发生变化。始于20世纪80年代以农户经营为基础的农村基本经营制度，奠定了中国现代农业的基础，所爆发出的积极性和创造性成为中国快速发展的原动力，至今依然发挥着重要作用。

第二，家庭农场是未来现代农业的基本单位。在肯定农户经营适应性的同时，也必须看到农户经营农业的弊端和问题。随着工业化和城镇化的发展，越来越多的年轻人离开乡村进入城市，乡村老龄化、农业兼业化现象严重，农业科技的推广应用以及农民组织遇到诸多障碍。因此，必须通过体制机制创新解决这些问题，以夯实现代农业基础。需要强调的是，解决农业存在的问题不能以否定家庭经营为代价，否定家庭经营的任何所谓“创新”都是对农业基本特点和规律的否定，不可避免地要付出惨重代价。实施乡村振兴战略的农业发展，只有在坚持农户经营的基础上才能实现。应该看到，乡村人口城镇化为乡村规模农业提供了条件，通过深化农村土地制度改革，完善承包地“三权”分置制度，把已经脱离耕地家庭的承包地流转给种地的农民，让他们种更多的地，培育出适度规模经营的家庭农场，作为中国现代农业的基本经营单位。家庭农场是指以家庭劳动力为主要劳动力，以农业经营为主要收入来源的农业生产单位。实际上就是扩大规模的农户，其特点在于保留了农户经营的全部优势，可以克服小农户的某些劣势。实践中关于家庭农场的理解还存在较大偏差，其中最为普遍的错误认识是受所谓“规模化”思维影响，认为家庭农场的规模要大，好像是规模越大越现代化。实际上，人们想象的所谓规模效益在农业上根本不存在，大规模农业所积累的是规模风险。所以，中央一直强调农业的“适度”规模经营。我们认为这个适度规模就是家庭农场的规模。其规模下限可以用生计标准来确定，就是能够满足一家人生活需求的规模水平。家庭农场规模上限是现有技术水平条件下家庭劳动力最大经营能力所能达到了规模水平。不同地区、农业经营的内容不同，决定了家庭农场规模的差异。但是其共同特征是家庭劳动力为主，即农民自己为自己劳动。这一点可以用来区别于资本农场和雇工农业。

第三，合作社是农业生产者的理想组织形式。家庭农场与一般农户都存在一些自身难以克服的问题，如市场交易成本问题、市场价格波动问题、农业品牌建设问题、农业社会服务问题等，难以通过农户或家庭农场自身力量得以解决，而是需要更高层面的组织才能实现。理论和实践证明，这种更高层面的组织形式就是合作社。通过合作社把农户、家庭农场、农业企业等联合起来，与健全的农业社会化服务体系一起，构建现代农业产业体系、生产体系、经营体系。这样才能确保国家粮食安全，维护农民的利益，把中国人的饭碗牢牢端在自己手中。我国农民合作社发展中的主要问题从微观上看在于分散的小农户缺乏合作的愿望和积极性，特别是兼业农民视农业经营为鸡肋，影响了现代农业组织的形成。从宏观看，合作社没有形成更高层面的联合，分散的小合作社与分散的农户一样对农业风险无能为力。因此，合作社发展要在微观上培育家庭农场，家庭农场作为新兴职业农民的载体，可以激发农民的内在合作需求，解决合作社微观动力不足问题。在宏观上，要解决合作社规模问题，农业的规模效益要通过合作社规模来实现，而不是通过大规模流转土地实现。只有当全国合作社网络形成以后，农业的供给侧改革、特色农业、品牌农业、可持续农业等农业形式才能得到组织保障，农民的利益才能有效实现。大理州农业要从农业组织抓起，注意维护和保持农民的农业主体地位，在广泛培育家庭农场的基础上发展以农村社区为基本单位的合作社，再通过县市级合作社联合社构建区域内合作社网络。

二、建设什么样的乡村

2018 年中央一号文件指出，坚持乡村全面振兴，准确把握乡村振兴的科学内涵，挖掘乡村多种功能和价值，统筹谋划农村经济建设、政治建设、文化建设、社会建设、生态文明建设和党的建设，注重协同性、关联性，整体部署，协调推进。乡村振兴要遵循乡村发展规律，这个规律的重要内容之一就是乡村价值体系及其发展特点。为了适应农业生产而诞生的乡村，在其漫长发展过程中始终沿着两个维度成长：适应生产（农业生产、庭院经济和家庭手工业）和方便生活，并衍生出诸如生态、社会、文化、教化等多种乡村特有价值，形成了独特的乡村产业结构、社会结构和文化结构。只有尊重乡村功能与价值体系，传承和提升乡村价值，在原有乡村价值基础上赋予新的、更高水平的功能，乡村振兴才能取得事半功倍的效果。忽视乡村价值体系的乡村建设不仅难以取得预期效果，而且往往会破坏乡村结构，导致村落共同体解体，生产难以为继，生活陷入窘迫境地。因此，振兴乡村，必须了解乡村价值体系。

到底应该把乡村建设成什么样的乡村，按照乡村振兴的总要求，应该把乡村建设成适合生产的乡村、有文化的乡村、生态宜居的乡村、有效治理的乡村、农民有效增收的乡村。构成乡村的要素很多，这些要素通过制度、文化等连接方式形成特定结构，表现出一系列特殊功能。在乡村价值体系的诸多构成要素中，农家院落是一个十分特殊又重要的要素。这里仅就农家院落与乡村振兴的关系作些论述，旨在引起大家思考村落与农业生产、农民生活的关系，思考应该把大理的乡村建设什么样的乡村。

（一）农家院落的价值

农家院落是用围墙或栅栏围起来的包括建筑、设施、空地以及特定生产生活内容的空间结构，是构成村落社会的基本单元，是农民祖祖辈辈生产、生活、娱乐和社会交往的空间，是乡村文化的重要载体。村民的生产与生活在院落里以微观的形式得以生动体现。2015 年 1 月，习近平同志在云南大理古生村农民院落里和农民说道：“这里环境整洁，又保持着古朴形态，这样的庭院比西式洋房好，记得住乡愁。”“庭院比西式洋房好”体现了习近平同志对乡村农家院落价值的深刻理解。农家院落具有很多特殊价值，我们选择几个说明之。

第一，农家院落的生产价值。农家院落是在长期适应农业生产过程中演变而成的，农家院落里可以种菜、栽植果树，还可以发展养殖业。所谓“五谷丰登，六畜兴旺”就是以农家院落为特征的。除了种养业，诸如编织、纺织、食品加工、木工制作等乡村手工业，也需要院落做支持，以此为基础发展出了庭院经济这一特殊经济类型。此外，院落还具有存放农具、贮存农产品等储存功能。产业兴旺包含产业发展满足村民生活需要的含义，同时要有利于农民增收；乡村建设既要考虑服务于多业并举，又要有助于产业融合。具体说，乡村建设要方便种植业、养殖业的发展，还要为发展乡村手工业以及乡村休闲、度假等乡村服务业创造出空间。有些乡村建设之所以失败，原因在于建设者不懂得乡村的生产价值，盖起新房子的同时，让农民远离耕地，削弱了乡村生产，也消灭了院落经济。因此，乡村建设必须清楚乡村与乡村生产的关系，认真研究和重视乡村的生产功能。

第二，农家院落具有生活价值。农家生活大部分时间是在院落中度过的，院落是村民吃、喝、住、娱乐和民俗活动的重要空间，满足着人们对物质和精神的多方面需求。农家院落可以提供诸多的生活用品，如种植蔬菜、水果，养殖家禽家畜，制作手工艺品等，维系“去货币化”的生活消费需求。农家院落也是乡村交往的公共空间。开放的家门，时刻准备着迎接不期而至的邻里或客人，家里的房间也一样，邻里们可以不必事先预约就入门，每个院落、家里的每个房间随时都可能承载起公共空间的职能。生老病死、婚丧嫁娶、时令节日等诸多礼仪活动也是以院落为空间依托。

第三，农家院落的生态价值。看得见山，望得见水，整洁的环境、新鲜的空气，享受大自然的风光，是乡村的重要福利。乡村在适应人们生活过程中，创造了生态文明，如循环利用，维系了乡村生态安全；生态信仰，维系着人与环境的关系；低碳生活、勤俭节约等传统渗透在人们的生活方式之中。其中农家院落是乡村生态文明的集中体现。无论是院落的选址、民居的建设、材料的使用、日常生活等都体现着尊重自然、利用自然的智慧。院落是乡村生态循环的重要节点，传统种植业与养殖业之间的循环以及人们生产与生活之间的循环主要是在院落里完成的。如今很多乡村之所以出现类似城市的垃圾问题，就是因为忽视了农家院落的生态价值。

第四，农家院落的文化价值。十九大报告指出，文化自信是一个国家、一个民族发展中更基本、更深沉、更持久的力量。中国的文化自信源自于中华民族五千多年文明历史所孕育的优秀传统文化。人们常说乡村是传统文化的根，传统文化就存在于乡村的形态、建筑、生产与生活方式之中，其中农家院落是传统文化的重要载体。诸如尊老爱幼、邻里互助、诚实守信等一系列优秀传统文化要依托农家院落才能传承和保持。

第五，农家院落的教化价值。乡村被认为具有天然教化功能，一个自然人在乡村潜移默化地接受社会规范、学会社会礼仪、获得生活技能和培养处理人际关系的能力，而成长为一个社会人，其基本条件就在于农家院落的存在。农家院落具有开放性特点，是形成熟人社会以及乡村监督、示范、模仿、舆论约束等教化途径的空间条件。有效的乡村治理，就是要充分利用乡村教化价值，在这方面很多地方创造出了不少典型经验。诸如评比好媳妇、好婆婆、星级文明户、星级信用户，树立道德模范和道德标兵等，对乡村治理十分有效。一些地区恢复“熟人”文化的优势，治理单位下沉，通过“熟人”文化的自我调节机制解决邻里冲突，消除干群矛盾，制定村规民约，把乡村建设成为邻里和睦、干群融洽、村风文明的和谐乡村社会。这些措施之所以有效，就在于农家院落的存在，没有了农家院落，乡村教化功能就会消失。

（二）对农家院落的认识误区与危害

在乡村建设实践中，由于对农家院落价值认识不足或存在认识误区，致使对乡村文化破坏和对农民利益伤害的现象十分普遍。如有关部门把农民的宅基地简单地界定为“集体建设用地”，看不到农家院落的经济、社会、文化价值。其实，农家院落从来就不是简单的一块地，更不是纯粹的建设用地，除了建房屋满足居住功能外，农家院落还是重要的生产空间和文化载体。当乡村宅基地被用于建设用地“增减挂钩”时，一些人就产生了强烈的拆村动机，打农民宅基地建设用地指标的主意。有几个典型表现严重制约着乡村振兴，应引起注意：第一个表现是让农民上楼，无论是出于要宅基地土地指标的动机，还是主观认为楼房比院落更文明，其表现都是拆农家院。让农民集中上楼，成为很多地方乡村建设的模式。结果是乡村肌理消灭了，农民居住地远离农田，农具存放、农产品晾晒与贮存都成了问题，农业难以为继；农家院落消失了，养殖业和庭院经济也随之消失，乡村旅游、农家乐、田园综合体，发展融合产业等都失去了基本的空间条件。第二个表现是收回非集体成员的宅基地。有些村庄以一些人口户籍不在乡村为由，不允许宅基地继承，不允许在宅基地上盖新房子或修缮老房子，人为切断人们返乡的路，成为乡村衰败的重要因素。第三个表现是禁止农民宅基地交易，让宅基地废弃后再由集体收回。很多空心村房到屋塌，宅基地和民房废弃而得不到利用，又不允许农民转让给非集体成员，任其自生自灭。从某种程度上说，对宅基地功能认识的缺陷以及对乡村价值的不理解，已经成为影响乡村振兴的最大障碍因素。

（三）对策与思考

农家院落是乡村社会的一个缩影，乡村的整体价值正是建立在农家院落基础上的。没有农家院落，乡村就不成其为乡村。由于人们不清楚农业生产与村落和院落的关系，盲目按照城市建设的思路建设乡村，消灭了农家院落的同时也严重削弱了农业生产，影响了农民生活。因此，实施乡村振兴战略认识和尊重乡村农家院落价值十分迫切。首先，要真正理解和落实习近平同志强调的“在促进城乡一体化发展中，要注意保留村庄原始风貌，慎砍树、不填湖、少拆房，尽可能在原有村庄形态上改善居民生活条件”的深刻含义。农户庭院是中国传统建筑的重要表现形式之一，它区别于现代城市的居民楼，带有浓郁鲜明的乡村风情。保留农户庭院具有的乡土特色，充分利用农户庭院的现代功能，可以避免“千村一貌”“千镇一面”的乡村建设模式，让村落既有利于农民生产生活，又能保持田园风光和良好的生态环境，把农村真正建设成幸福美丽的家园。其次，要通过乡村宅基地制度创新，激活乡村活力。中央经济工作会议强调，要健全城乡融合发展体制机制，清除阻碍要素下乡各种障碍。中央农村工会议则进一步明确，破除一切束缚农民手脚的不合理限制和歧视。这其中包含了对农家院落综合价值的认识，也就是要对乡村宅基地有科学理解。2018 年一号文件《中共中央国务院关于实施乡村振兴战略的意见》对农民宅基地政策作出了重大调整。明确指出，要完善农民闲置宅基地和闲置农房政策，探索宅基地所有权、资格权、使用权“三权分置”，落实宅基地集体所有权，保障宅基地农户资格权和农民房屋财产权，适度放活宅基地和农民房屋使用权。引导进城落户农民依法自愿转让宅基地的使用权。这样既可以促进宅基地的有效利用，同时也可以发挥乡村宅基地的社会文化功能，遏制乡村衰败。再次，要给人们留下一条返乡的路。从乡村走出去的人，无论是经商、从政，还是专家、学者，都可能成为新乡贤，在浙江等地，新乡贤返乡为家乡做贡献已经成为乡村振兴的重要力量。保留他们的宅基地，允许继承祖上房产，有助于新乡贤返乡创业、告老还乡，实现城乡融合，也是鼓励人才下乡的重要条件之一。

对农业文化和乡村价值的研究，其价值不限于解决发展什么样的农业和建设什么样的乡村，对诸如洱海保护等生态建设也具有十分重要的价值。如发挥乡村生态价值的作用，发展循环农业等，可以就地解决生产与生活的污染问题，利用生态农业原理和智慧乡村理念解决污染问题、化解城市问题，比用工业理念和工程手段更有效，更具有可持续性。

培育新型农民　为乡村振兴提供强劲动力

中共大理州委党校副处级组织员　李锡鹏

党的十九大提出实施“乡村振兴”的战略，必将全面加快推进农业农村现代化建设的步伐。乡村振兴，农民是主体。农民的文化素质、技术能力和思想水平的高低，直接决定着乡村振兴战略的实施效果。实施乡村振兴战略，必须充分发挥新型农民队伍的主体作用，因此，培养和建设一支新型农民队伍是实施乡村振兴战略的关键。

一、加大新型农民培育力度是大理农村发展的迫切需要

当前，大理州还有许多农民不了解农村政策，不注重农村文明建设，不掌握新的农业科技，不懂市场经济规律，不能及时捕捉市场信息，不适应新时代经济社会发展的要求。由此可见，在实施乡村振兴战略中，特别是当前的脱贫攻坚中，培育新型农民是非常重要和必要的。

（一）加大新型农民培育力度是全面建成小康社会的重要基础

全面建成小康社会，最艰巨、最繁重的任务在农村，特别是在贫困地区农村。农村建设的主体是农民，农业的主人也是农民。实施乡村振兴战略，关键是要调动广大农民的积极性、主动性和创造性，引导他们用自己的双手勤劳致富，摆脱贫困，奔向小康。只有大规模培育新型农民，大力提高农民素质，把农村人口优势转化为人力资源优势，充分发挥广大农民农村建设发展的积极性和创造性，形成持续推动全面建成小康社会的力量源泉，才能将农村的全面小康扎实向前推进。

（二）加大新型农民培育力度是推进农业农村现代化的必然要求

党的十九大提出，要“建立健全城乡融合发展体制机制和政策体系，加快推进农业农村现代化”。当前，虽然仍有大量的农村劳动力进城，在城市、城镇自由择业，但已有一些学到经验、有一定资金积累的进城务工农民重返家乡，从事农业生产经营。同时，城里的大量工商资本在政策的引导下、在市场

的需求中进入农业、农村，加快了现代农业发展，促进了农村的建设，城乡之间的空间距离逐步缩短，使农村的发展、农民收入的增加面临前所未有的变化，我国将建立健全城乡融合发展体制机制和政策体系，必然使城乡之间的人员、信息、文化等社会交流不断增多，过去只有城市居民才享受的一些公共服务也逐步进入乡村。要解决当前存在的城镇化质量不高、农村产业结构不合理、农业发展方式粗放、农民增收基础薄弱、城乡基本公共服务较大差距等问题，必须通过培育新型农民、提高农民素质来实现。

（三）加大新型农民培育力度是加强农村精神文明建设的必然要求

全面建成小康社会的核心在“全面”，要求经济社会发展不能有短板。党的十九大提出了乡村振兴战略的“产业兴旺、生态宜居、乡风文明、治理有效、生活富裕”的总要求。要实现全面建成小康社会的目标，就要求在经济建设的同时，还要大力推进政治、文化、社会和生态文明建设，要高度重视和大力推进农村精神文明建设。农村的精神文明建设成效的大小最终取决于农民的素质的高低，而提高农民素质重要途径在于新型农民的培育。

（四）加大新型农民培育力度是增加农民收入的重要途径

党的十九大提出要“促进农村一二三产业融合发展，支持和鼓励农民就业创业，拓宽增收渠道”。实现农村一二三产业融合发展，使传统农业向现代农业转变，关键要靠科技创新，通过科技创新能够大力提高土地产出率、劳动生产率、资源利用率。而农业科技成果只有被农民所掌握，才能转化成为现实生产力。培育和造就一大批新型农民，使更多的农民适应农业专业化、规模化和科技化发展的要求，不断提高经营现代农业的水平，才能不断拓展农民增收的渠道。

（五）加大新型农民培育力度是大理州山区农村贫困人口致贫富的迫切要求

大理州山区农村贫困人口致贫既有客观的原因，也有主观原因。客观原因主要集中在基础设施薄弱、资源条件差、产业培植难、公共产品和服务不足等方面。而主观原因主要是：有的是思想比较保守，观念落后，缺乏闯劲，增收无门路；有的是文化程度较低，缺乏致富技能；有的是依赖思想严重，总希望得到各种补助、救济来摆脱贫困，自己不愿艰苦奋斗；有的则是破罐子破摔，不思进取，得过且过。概括起来，无外乎文化水平低、不懂技术、不会经营、素质不高。对于客观原因，政府可以通过实施基础设施建设、美丽乡村建设、重点民生改善和生态环境建设等扶贫工程来逐步解决。而对于贫困户自身的主观原因，则迫切需要通过培育新型农民来解决。

二、大理州培育新型农民有成就，但还存在不足

近年来，大理州新型农民培育工作以提高农民整体素质为目标，以实现农业增效、农民增收和产业发展为根本，因地制宜，大胆探索，取得了一定的成效，也积累了一些经验，但也存在一定的不足。

（一）认识不足，统筹协调不够

对农民的培育培训涉及财政、农业、扶贫、教育、文化、科技、商务等多个单位部门，而这些单位部门缺乏综合协调机制，分工协作、优势互补不足，资金集中、资源整合不够，使新型农民培育工作在一些单位和县市参差不齐。

（二）经费投入主体单一，总量不足

目前，对农民培育培训的经费投入以政府为主，企业和社会共同投入的多元化投入机制还未形成，农民教育培训经费依然严重不足。

（三）培育培训主体和培育培训形式单一，效果不佳

当前，许多地方只重视技能、技术的培训，而忽视了全面的培育培养，许多农民、农业培训以政府组织为主，以专题课培训为主，特色化、专业化培训不够，培育培训效果不佳。

（四）宣传不够，培育培训氛围不浓

在只强调临时性、单一性培训思想的影响下，有些对农民的培训针对性、实用性不强，不能满足农民需求，农民参与培训的积极性不高。

三、围绕乡村振兴，加快大理州新型农民培育步伐

乡村振兴是一个长期而漫长的过程，培育新型农民是一项庞大的系统工程，需要各级党委政府提高认识、加强领导，相关职能部门结合实际、立足长远，采取多种措施抓紧抓好。

（一）解放思想，重视创新，及早做好规划

各级领导，特别是政府领导要进一步解放思想，高度重视新型农民培育工作创新，尽快完善（或改革）并实施本地区的新型农民培育工作规划，以政府为主导，多元参与，开展新型农民培育。要明确责任主体，确立实施目标、实施办法和考核标准，全面推进新型农民培育工作。

（二）注重统筹，整合资源，落实各自责任

要有效整合本地资源，主动服务新型农民培育工作。要打破地区、行业单位隔阂，注重统筹，由农业部门牵头，建立财政、农业、扶贫、教育、文化、科技、商务等各有关部门参与的综合协调机构，集中资金、整合资源、统筹协调、分工协作、优势互补，合力抓好培育农民工作。要分解任务，落实责任，由各部门分头或多部门合作实施新型农民培养、培训工作。

（三）拓宽渠道，创新方式，实现多元投入

政府要承担起引导和主体责任，不断加大农民培训资金投入力度，逐年增加经费，并将其列入财政预算。同时，积极探索多元投入机制，拓宽资金投入渠道，鼓励和支持农业龙头企业、社会组织和民办培训机构参与农民培育培训工作，建立政府、企业和社会共同投入的多元化投入体制，解决农民培育培训经费不足的问题。

（四）注重效果，改革创新，综合施策

农民专业合作组织在系统内对农民开展培训是一条新型农民培养的捷径，能较好发挥培育农民“懂技术、会经营”的作用。要在支持农民专业合作经济组织开展特色化、专业化培训的同时，改革创新，大胆实践，建立健全相应的支持、扶持、奖励政策规定，激励、扶持有条件的机构、组织、专业院校对农民进行培养培训。

（五）营造氛围，多方激励，调动参与积极性

新型农民培育，对象是农民，发挥主动性的也是农民，因此要充分调动农民参与培训的积极性。基层党组织、村民委员会要加强宣传力度，积极营造氛围，通过深入动员、党员干部带头示范、适当发放误工补贴、与农村低保户筛选确定结合等方式，要求、鼓励农民积极参与培训。

（六）针对基层，因地制宜，探索结对培训

有些山区农村的贫困群众，特别是妇女群众的文化基础特别差，家庭拖累大，外出参加培训比较困难，需要有针对性地采取措施进行培训。村级组织可以采取结对培训、送训到家的方式对他们进行培训。可以由大学生村干部、驻村扶贫工作队员、村农科员、“村三委”干部每人结对一两个贫困农户、三五个困难群众，有针对性地利用各种条件和场所开展培训。要给结对培训的人员具体培训任务和目标，并对培训效果进行验收奖惩。对接受培训的农户、农民也可进行适当奖励或补助。

（七）立足实际，突出实用，满足农民需求

对新型农民的培育培训，通过实践方式而非单纯的授课方式进行；新型农民培育培训要从当地实际出发，注重实用性，满足农民的实际需求。既要培训理论知识，如农村改革政策、现代农业、农产品质量安全、农产品标准化生产、农民专业合作社、现代农业信息技术、农产品营销、电子商务等知识，又要开展一些适用技术培训，如果木种植嫁接、特色农产品种植、畜禽养殖等实用技术等，同时还应组织开展现场教学，让受训农民到发展得较好的专业大户的基地、家庭农场、农民专业合作社、现代农业庄园、农业龙头企业实地参观，观看先进的生产、种植、管理模式，以增强受训农民的发展欲望。

大理州乡村振兴人才困境及发展研究

大理大学讲师　王建超

一、研究背景

我国政府高度重视并致力于扶贫工作，经过数十年的努力，尤其是党的十八大以来，脱贫攻坚成效显著，我国已经成为世界上减贫人口最多的国家。为完成“十三五”时期扶贫开发工作的主要任务，确保所有贫困人口到2020年如期脱贫，打赢脱贫攻坚战，我国政府相继颁布了一系列扶贫政策和行动计划，以期发挥各领域、各部门独特优势，集中力量，协同攻坚，形成社会合力来推进扶贫开发和实现全面小康。在《中华人民共和国国民经济和社会发展第十三个五年规划纲要》中，更是将“全力实施脱贫攻坚”专门列为第十三篇，并正式提出了“精准扶贫、精准脱贫”这一新时期扶贫脱贫工作的新理念，为坚决打赢脱贫攻坚战指明了方向。为贯彻落实习近平同志扶贫开发战略思想和考察云南重要讲话精神及对大理工作重要指示精神，坚决打赢精准扶贫、精准脱贫攻坚战。2017年12月6日至10日参加“云南社科专家大理行”系列活动，以期摸清大理州乡村振兴人才基本情况，并针对存在的问题提出对策和建议。

二、大理州精准扶贫的基本情况

2016年以来，大理州按照“五个一批”的脱贫思路，以贫困村基础设施建设为重点，农户产业发展为核心，群众素质提升为关键，以建档立卡贫困村和贫困人口为主要对象，全市各级党组织各部门各单位迅速行动，号召党员干部带头，形成了全民参与、全社会合力攻坚的大扶贫、精准脱贫新格局。一是精心选派驻村扶贫工作队；二是建立“四级”整体联动机制，实行省、州、市、乡（镇）四级干部整体联动，建立健全扶贫攻坚“领导挂点、部门包村、干部帮户”长效机制（以下简称“挂包帮”），确保每一个贫困村都有领导和部门、单位挂包，每一个贫困村都有驻村扶贫工作队，每一贫困户都有干部结对帮扶，做到不脱贫不脱钩；三是严格脱贫攻坚档案管理，明确档案归类，主要包括综合管理、建档立卡、挂钩帮扶、项目、会计和特殊载体6大类，要求各乡镇和相关部门认真做好档案、痕迹资料的收集、分类、归档；四是加大基础设施帮扶力度；五是实施产业扶贫推进脱贫攻坚，选择了2家经营发展比较好的蔬菜种植合作社，采取入股、土地流转、劳务输出和帮助愿意种植蔬菜的贫困户进行蔬菜种植；六是开展脱贫攻坚专项督查，随机走访了异地搬迁和原址重建农户，了解贫困户的生产生活状况、收入来源、产业发展、脱贫帮扶需求及脱贫攻坚进展情况，确保“回头看”和“五个一批”归类精准到户到人，从而推动全镇脱贫攻坚工作顺利开展；七是“素质提升工程”给力攻坚。妇联紧扣脱贫、发展、和谐三个主要目标，在建档立卡的“一乡十村”实施持家治家素质提升工程，有针对性地开展适合贫困妇女创业的种植养殖、传统手工、乡村旅游、家政服务等方面的实用技术培训。帮助有创业意愿的贫困妇女提供贷款扶持，解决资金困难，充分利用“贷免扶补”、创业担保贷款、“两个10万元”、微型企业培育工程、妇女发展循环金等政策，进一步加大对贫困妇女创业扶持力度。

三、精准扶贫过程中大理州贫困乡村振兴人才困境分析

乡村人才队伍是调整农村产业结构、推进农业产业化进程、增加农民收入、壮大村级经济的基本前提，是解决“三农”问题的关键所在，是实现贫困地区科学发展、后发赶超、推动跨越、同步小康的根本保证。

（一）乡村人才总量小，能力素质不高

由于过去重视对人才输出，忽视对人才吸纳，农业效益低下，农民不愿学农、务农，青壮年农民大多走上了外出打工之路，造成了多出少进、肥水外流的局面。同时，受市场经济发展影响，大多数农学专业的毕业生不愿意回到农村，不想从事农村技术指导工作，导致农村实用人才依旧短缺，不能满足农村经济发展和农技推广工作的需要。在乡村人才队伍中，技术型人才相对较多，经营管理型人才相对少，创业型人才严重匮乏；有一技之长的人相对较多，复合型人才相对较少，直接从事农业种植、养殖生产的人才相对较多，面向农产品加工、流通、服务领域的人才相对较少。

（二）工作机制不健全，组织化程度低

从目前的情况看，对乡村人才的管理粗放化，加之行业、人为等因素，使各行业之间不能经常联系，出现资源不能整合、不能共享、不能充分利用等状况。对农村实用人才培育和挖掘缺乏长远、整体规划，工作的系统性、针对性、连续性不强，导致乡村人才发展战略的阶段性目标不明确，人才群体和梯队建设严重滞后。乡村人才创业还处于自发状态，起关键作用的创业培训也处于零散状态，导致乡村人才的潜力没有得到充分挖掘，致富能力和带动作用没有充分发挥。

（三）考评机制不完善，激励方式单一

从目前的情况看，还缺乏有针对性、系统性、行之有效的乡村人才评价、激励的行政和经济手段。以品德、知识、能力、贡献为要素的符合乡村人才特点的评价体系还在探索之中，现有的评价激励形式单一，更多是感观和荣誉上的，激励作用不明显，难以对乡村人才进行动态的培育和挖掘，在一定程度上挫伤了乡村人才发展自我、造福群众的积极性和创造性，甚至造成部分乡村人才流失。

（四）典型培养不到位，示范效果不好

在乡村人才的典型培养上缺乏长效机制，没有长期规划和阶段性培养计划，对先进典型的跟踪、培养不够，有的仅为了满足于一时的工作需要，轻视平时不断地培养，导致老典型不能常树常新，失去光泽，新典型没有土壤，缺乏培养的被动局面。同时，农乡村人才的经验和技术交流只停留在民间小范围，缺乏政府组织的交流活动，重视乡村人才的气氛不够浓厚，部分乡村人才存有小农经济思想，埋头致富而不愿带头致富。没有及时总结经验做法，加大对先进典型和示范点的宣传力度，将典型的个体优势扩展为群体优势，没有达到“树立一个典型，激活一片，带动一批”的效果。

四、精准扶贫视域下大理州乡村振兴人才的对策和建议

（一）完善乡村人才管理服务体系

充分发挥党委政府在乡村人才队伍建设中的主导作用，按照实用、实际、实在的原则，在建立种植、养殖、加工人才队伍信息的基础上，农村致富带头人、能工巧匠，从事营销、农机、建筑的人，经纪人和外出务工返乡人员、退伍转业军人、回乡创业大学生也应纳入统计，进行管理。采取领导与个人、单

位与协会结对子的联系办法，加强县、镇两级领导及涉农部门与乡村人才的联系，帮助他们解决实际困难和现实问题。紧紧抓住培养、吸引、评价、服务、激励、使用等环节，完善服务体系，创新体制机制，加大投入，整合资源，着力营造人才辈出、人尽其才的良好环境，不断壮大乡村人才队伍。

（二）摸清大理州乡村振兴人才的缺口

只有摸清大理州乡村振兴人才的真实情况，才能为精准扶贫提供人才支持。一是乡村产业发展人才；二是乡村基础教育人才；三是乡村社会治理人才；四是乡村文化事业人才；五是乡村医疗卫生人才；六是新型职业农民。同时还包括重点产业和基本公共服务人才状况及基层人才队伍建设状况。

特色农业

推动大理州高原特色农业提质增效

云南省社会科学院农村发展研究所所长、研究员　郑宝华

基于对大理州的实地调研和对相关资料的综合分析，结合十九大和2017年中央一号文件精神及云南省高原特色现代农业发展的总体战略布局，个人以为，大理州高原特色农业必须走绿色农业发展道路，这既是大理州高原特色农业迫切需要提质增效的内在要求，也是大理州高原特色农业的优势所在。中国的绿色农业概念自1986年提出，2003年被官方正式使用以来，已经受到学界的高度关注，而2017年中央办公厅和国务院办公厅发布的《关于创新体制机制推进农业绿色发展的意见》，为加快绿色农业发展提供了政策支撑。所谓绿色农业，是指以可持续发展为基本原则，以农产品安全（数量安全和质量安全）、生态安全、资源安全为基本保障，以生产无公害农产品、生态食品和有机食品为重点，提高农业质量效益和竞争力为基本目标，吸取人类农业历史文明成果，遵循低碳经济和循环经济基本原理，用现代物质条件装备农业，用现代科学技术改造农业，用现代产业体系提升农业，用现代经营形式推进农业，用现代发展理念引领农业，用培养新型农民发展农业，把标准化贯穿于农业的整个产业链中，实现经济、生态和社会三者协调统一的新型农业发展模式。结合对大理州州情和农情的认识，个人以为，大理州绿色农业的健康发展需要以质量兴农为基本方向，以品牌创建和提升带动农业产业化的优化升级，努力做好产业融合等工作。

一、进一步提高对质量兴农的认识

2017年中央一号文件提出的农业发展要“由过度依赖资源消耗、主要满足量的需求，向追求绿色生态可持续、更加注重满足质的需求转变”，标志着我国进入质量兴农的新时代。

第一，“中国农业发展到今天，已经到了从追求高产量，向追求高质量、高效益、可持续发展的历史阶段，需要深入学习贯彻党的十九大精神，全面实

施乡村振兴战略，坚持质量第一、效益优先的原则，增加农产品和农业的核心竞争力，唱响质量兴农、品牌强农、绿色发展的主旋律，全面提升农产品质量安全水平。”

第二，“质量兴农”从本质上讲是贯彻落实新发展理念的具体要求，尤其是具体落实绿色发展的重要举措。这是绿色农业的基本遵循和重要指南。绿色发展追求的不仅是农业的可持续发展，还是以人民为中心的内在要求，是人民对美好生活向往的内在要求。这是我们为什么要把“质量兴农”作为主攻方向的客观要求。

第三，从现实来讲，“质量兴农”还是贯彻落实中央提出的农业供给侧结构性改革的中心工作。农业供给侧结构性改革的主要目标是增加农民收入，保障有效供给；具体目标是优化农业产业体系、生产体系、经营体系，提高土地产出率、资源利用率、劳动生产率，促进农业农村发展由过度依赖资源消耗、主要满足量的需求，向追求绿色生态可持续、更加注重满足质的需求转变；主攻方向就是提高农业供给质量。不论是增加农民收入、保障有效供给，还是提高土地产出率、资源利用率、劳动生产率，基本手段都是努力提高农业质量。

二、以品牌创建和提升带动农业产业化的优化升级

品牌农业是现代农业的重要标志，是规模农业、品质农业、标准化农业和高附加值农业。在一定程度上可以说，当前的市场经济竞争，就是品牌的竞争。谁拥有了品牌，谁就拥有了创造新的供给、引导新的消费需求的优势和主动权。大理州品牌农业建设已经取得了显著成效，但需要以农业地标品牌为基础，通过品牌创建和提升，带动农业产业化的优化升级。

之所以强调农业地标品牌的重要性，是因为她是经过长期的自然选择以及与自然规律相适应的现代技术手段有机结合的产物，她不仅代表了某种产品独特的优良品质、特定的营养构成，而且凝聚了人类农耕文明的伟大智慧。农业地标品牌区别于一般知名商品品牌的根本点就在于，农业本身是对有生命的有机物的再利用，而其他一般产品的对象则主要是无机物或者结束了生命的有机物，作为对有生命的有机物进行再利用的农产品，不仅有较高的比较优势，而且具有较强的市场品牌价值和竞争力。

结合对大理州情和农情的认识，个人以为，大理州农业发展的出路不在“大”，而在品种“特”、品质“优”。换句话说，“特”和“优”才是大理州

农业地标品牌建设的方向和重点。“特”，不仅能够彰显大理高原特色的内在优势，而且可以发挥区域优势，走多样性农业地标品牌建设道路；“优”就是把品质作为农业地标品牌建设的着力点，以挖掘大理农业自身的品质优势。这样一种思路，也决定了大理农业地标品牌产品的开发只能走品质化发展的适度规模道路。

三、以产业融合为重要支撑

产业融合不仅是提升农业产业化水平的重要支撑，也是推进农业农村现代化的有效路径，还是城乡融合发展的重要内容。2015 年年底，国务院办公厅出台了《关于推进农村一二三产业融合发展的指导意见》，要求推进农业供给侧结构性改革，着力构建农业与二、三产业交叉融合的现代产业体系。对于大理州来说，核心工作是通过大力发展农产品加工工业和食品制造业等轻工业，拓展观光农业和休闲农业的内涵来实现农业与二、三产业的良性互动，实现三次产业之间的融合发展。

一是进一步调整优化农业生产结构。建议在适当降低粮食和烤烟种植面积的同时，增加特色水果和蔬菜的种植面积，并引导农户把一部分单产很低、效益很差的主粮品种发展成小杂粮，力争“十三五”末，粮食作物播种面积占农作物播种面积的比调到 70% 以下。在结构基本合理的前提下，把提升农作物品质和效益作为工作重点，借助一部分耕地已经作为无公害农产品种植基地的良好基础，努力提升档次，鼓励发展生态农产品乃至有机农产品，为绿色农业发展奠定坚实基础。

二是实施轻工业提升战略。建议州委、州人民政府尽快制订、实施轻工业提升战略，中心工作是在加快现有农业龙头企业升级的基础上，大力培育新的农业龙头企业。“十三五”期间，能够将现有的 138 户州级农业龙头企业中的一半升级为省级，并能够有 3 ~ 5 户省级龙头企业升级为国家级，到“十三五”末，争取能够使农业龙头企业的总数达到 350 户左右。在此基础上，加大产业开发力度，做好产品的精深加工和产业链的延伸工作，到“十三五”末，农产品加工产值达到 450 亿元左右，争取与农牧渔业总产值之比达到 1∶1 左右。

三是大力培育以观光农业、乡村旅游和现代物流业为重点的第三产业。第三产业的发展已经成为中国经济结构优化调整的重要风向标。大理州应充分利用自身独特的旅游资源和农业景观资源，探索观光农业、休闲农业和养生休闲农业等新的旅游业态，使旅游业与农业实现深度融合。借助农业和旅游业的健康发展，充分利用大理州的区位优势，加快发展现代物流业，使之成为带动大理州三产融合发展及社会经济协同推进的重要抓手。

推动大理州高原特色农业现代化的建议

云南省农业科学院农业经济与信息研究所研究员　陈良正

一、大理州构建外向型现代农业经济体系的意义

农业开放是云南省实施开放带动战略的重要内容，以农业的外向型促进农业的现代化，是云南省委、省政府顺应经济全球化步伐的加快和农业产业转型升级的要求作出的科学决策，是发展云南高原特色现代农业，实现由农业大省向农业强省跨越的必然选择。

大理州立体气候多样、自然资源丰富、交通区位优越、宏观环境良好，具有发展高原特色农业的独特优势。"十二五"以来，以省委、省政府加快高原特色农业发展战略为指导，在州委、州政府的坚强领导下，大理农业农村经济发展取得显著成效，为全州经济社会发展稳中有进、稳中向好做出了积极贡献。但是，随着宏观经济进入新常态，大理州和其他地方一样，农业供给侧结构性矛盾日益突出。采取一系列切实有效的政策和措施，进一步夯实农业发展基础，加强与周边省区和国家的经济技术与贸易合作，围绕国内外市场中高端消费需求，发挥科技的支撑和引领作用，优化农业要素资源配置，开发优质特色农产品，彰显大理高原农业特色和文化内涵，积极拓展农业多功能性，促进农业与第二、三产业的融合发展，积极构建大理高原特色外向型农业经济体系，以此促进大理州农业供给侧结构性改革，是大理州提高农业质量效益和竞争力，加快高原特色农业现代化步伐，实施乡村振兴战略、实现农业农村优先发展的不二之选，对促进大理州农业增效、农民增收、农村繁荣，实现与全国同步建成小康生活的目标等均具有十分重要的意义。

二、大理州外向型现代农业体系建设的优势和挑战

（一）大理州外向型现代农业经济体系建设的优势

1. 生态环境优越

大理州自然环境独特，生态条件良好，为生产中高端优质农产品提供了条件。地处低纬高原，光照充足，气温年较差小，日较差大，有利于农产品干物质积累，提高产量和品质。地形复杂导致多种气候并存，有利于农产品周年上市。生态良好，空气质量优良，森林覆盖率高，水质良好，境内无严重污染工矿企业，为生产绿色有机农产品创造了条件。

2. 农业资源丰富

大理州生物多样性特征明显，优质农业种质资源及农产品种类众多，邓川牛、南涧无量山乌骨鸡、云龙矮脚鸡、永平鹅、剑川赤骨羊、乌骨羊、大理高原黑猪、云南裂腹鱼、诺邓火腿、下关沱茶、漾濞核桃、宾川葡萄、宾川柑橘、弥渡蔬菜、祥云野生菌、剑川红洋芋、洱源梅果，以及红梨、冬桃、高山苹果等独具特色、品质优良。

3. 区位优势独特

大理州位于云南省中部偏西，东邻楚雄州，南靠普洱市和临沧市，西连保山市、怒江州，北接丽江市，曾经是我国“南方丝绸之路”和“茶马古道”的重要中转站，是滇西城市群中心城市和昆明进出滇西七州市的交通枢纽，地处“一带一路”、大湄公河次区域经济合作区与长江经济带连接点，是我国西南对内、对外经济发展与交通物流的重要节点和窗口，在区域经济发展中处于重要的战略地位。

4. 特色农业产业基础好

近年来，大理州抢抓机遇，充分发挥“区位优、生态好、物种多”的优势，着力培育十大特色优势产业，积极发展多样性农业，高原特色农业保持了良好发展势头，为构建外向型现代农业体系奠定了良好的产业基础。2016 年，全州农业总产值 388. 83 亿元，农业增加值达 211. 27 亿元，农产品加工产值达 250. 42 亿元；种植业、畜牧业产值分列全省第二、四位，核桃、乳制品和水果产值位列第一。建成蔬菜、水果、生物药业、生态茶、花卉、薯类、蚕桑等特色经作基地 1386 万亩，核桃种植面积超过 1000 万亩，宾川建成 30 万亩优质水果基地，特色优势产业粗具规模。预计 2017 年，全州蔬菜、水果等产业

产值可接近或超过百亿元。

5. 政策环境优良

随着国家长江经济带建设、“一带一路”倡议快速推进、大湄公河次区域经济合作、印中孟缅经济走廊逐步形成，云南正成为面向南亚、东南亚辐射中心。新世纪以来，中央一号文件连续 14 年聚焦三农，尤其是十九大作出实施乡村振兴战略、推进农业农村现代化的决策部署，使农业发展迎来了又一个黄金期。国家、省、州先后出台的一系列支持农业现代化发展、加强对外开放合作以及促进一、二、三产业融合发展等政策，强势推进高原特色农业发展，为大理州依托特色优势产业构建外向型农业经济体系创造了良好的政策环境。

6. 基础设施网络不断完善

大理州交通便利，国道 214、大丽高速和国道 320、杭瑞高速构成了大理州公路交通纵横两大骨干；广大铁路、大丽铁路和建设中的泛亚铁路从境内穿过，昆大高铁即将通车；大理机场已开通至北京、上海、广州、深圳、杭州等地的多条航线，由高速公路、铁路和机场构成的立体交通网络初步形成，逐步满足外向型农业经济体系建设的发展要求。

7. 外向型农业发展成效初显

一方面，全州现已建成宾川县国家级、剑川县和弥渡县省级出口食品农产品质量安全示范区，弥渡县、祥云县成为云南省主要的外销和出口蔬菜基地，28 户企业以脱水蔬菜、新鲜葱蒜、牛肝菌、奶粉和普洱茶等为主的农产品出口美国、欧盟、韩国和中国香港、中国台湾等 27 个国家和地区。另一方面，积极抓农业功能拓展，推进一、二、三产业融合发展。全州农产品加工产值超过 250 亿元，休闲农业经营主体达 1550 个，接待人次超过 1200 万人次，营业收入近 25 亿元，发展势头强劲。州级农村电子商务公共服务平台建成，与阿里巴巴、工行融 e 购、苏宁易购、1 号店等知名电商平台开展合作，有 420 家企业 2300 多个单品上架宣传销售。宾川、剑川、祥云等 9 县列为全国电子商务进农村综合示范县；宾川、弥渡列为阿里巴巴“千县万村”试点县；洱源、永平、南涧等 7 个县建立了农产品电子商务销售中心，高原特色农产品和农资线上线下融合、“进城”与“下乡”双向流通新格局初步形成。

（二）大理州外向型农业经济体系建设面临的挑战

随着宏观经济整体进入新常态，我国农业的主要矛盾已经由总量不足转变为结构性矛盾，现代农业发展面临一系列挑战，必须加快推进农业供给侧结构性改革，促进农产品生产从满足“基本需要”向满足“健康需求”转变，农业产业从“产品生产”向“产业发展”升级转换。虽然近年来大理州立足自身优势大力发展特色农业，逐步形成科技化、产业化、市场化、生态化等现代农业特征。但是总体来看，和全省情况基本一样，全州农业农村经济发展水平依然低下，农业现代化尚处于起步发展阶段，外向型农业体系建设滞后。主要表现如下：

1. 产销脱节，特色农产品优势未转换成经济优势

大理高原特色农产品虽具有“生态”“绿色”“多样”等特征，尤其是核桃、乳制品和水果产值位居全省前列，但产销脱节严重，区域特色农产品未能转化为经济优势。一是传统种养占比大，综合效益不佳。全州农业仍以种植业为主，各产业之间尚未形成有效配合。二是农产品加工业滞后。农产品加工业产值与农业总产值之比不足全国平均水平的三分之一。三是适应品质消费、绿色消费和安全消费的高端供给不足。四是休闲农业和乡村旅游发展水平与旅游资源大州的地位不相匹配。

2. 主体乏力和加工不足，特色农业组织化、规模化程度不高

由于产业基地和产业园区建设规模小，基地标准化和生态化程度低，农业龙头企业“小散弱”状况突出等原因，产品没有实现高端化、系列化，农产品就地加工转化增值能力还不强。以宾川县为例，2016 年，全县农产品加工业产值（不足 20 亿元）与农业总产值（超过 85 亿元）的比值不足 25%，明显低于全省 67%（不含烟草）的平均水平，与全国平均 220% 的差距更大，且初加工居多，精深加工尤其滞后。全州土地流转面积仅占农户承包地的 20% 左右，农业总体上仍是以农户家庭为单位的小规模生产，只有很少的农户加入农民专业合作组织，现有合作组织大多与农户只是简单的购销关系，没有真正成为农民的“组织者”和“代言人”，无法适应现代化外向型农业社会化大生产的需要。

3. 体系不健全，缺乏有实力的知名品牌支撑

受资金、技术、设备、人员等条件制约，大理州农产品质量安全检验检测手段比较落后，多数企业没有取得绿色食品或有机食品认证，进行国际行业产品认证的更少，使得农产品难以进入国际市场。目前为止，虽然大理州累计认定“三品一标”农产品 326 个，但是认定基地面积占农产品基地面积比例很小；虽有多个各种商标、品牌，但是缺乏在国际国内市场上强有力的知名品

牌。企业规模不大，活力不足，没有形成在国内外市场占有一定份额的真正产业。

4. 配套服务落后，不能满足外向型农业的发展需要

服务意识不强，服务质量不高，特别是对外向型龙头企业、基地、市场建设引导扶持还不够，行政管理环境、政策法制环境、市场经营环境、金融服务环境需要进一步优化。此外，农产品科技含量不高、标准化生产程度低、农业科技人才缺乏、资金投入不足、中介发育不够、信息渠道不畅等因素也阻碍着大理外向型农业的快速发展。

三、大理州外向型现代农业经济体系建设的主要任务

（一）进一步发挥优势，挖掘潜力

综合分析大理州农业发展的条件和前景可以看出，发展高原特色外向型现代农业经济，可以依托丰富的气候、土地、种质和人文等四大资源优势，优越的产地环境和地缘优势，良好的特色农业产业基础，进一步挖掘土地效益增值空间潜力和中高端消费市场潜力。此外，由于大理州龙头企业小散弱，农产品加工业比较落后，因而龙头企业成长和农产品加工转化增值潜力大。

（二）深化农业供给侧结构性改革，提高供给体系质量

大理是云南省农业大州，农业总产值、增加值和农产品加工业产值分别在全省占第二、三、二的位置，但存在严重的结构性问题。必须立足资源条件，针对国内外市场中高端消费需求，进行结构调整，生产适销对路的特色、错季、中高端农产品，不断适应国内外市场消费需求。

1. 以特色高端产品开发引领农业结构调整

充分发挥多样化、小规模、反季节的农业资源和产业优势，突出地方特色，调优产品结构，扩大特色产业规模，依靠科技创新，以个性化、稀缺型的优质农产品满足小众消费需求。一是大力发展以草地为依托的绿色有机农业。结合洱海保护治理、生态文明建设和全域旅游业战略，积极推进洱海流域退耕还湖还草，在洱源县打造万亩连片草场和有机牧场，推进畜牧业转型升级，生产优质乳、畜产品，发展生态休闲观光农业。二是率先做强核桃产业。依托上千万亩核桃基地，依靠科技进步，提高产量和质量，做强第一产业；开发营养、保健系列中高端新产品，大力发展精深加工业，做大第二产业；强化科技、金融等支撑，加大“漾濞核桃”等公共品牌建设和宣传力度，做优第三

产业。三是推进农业与生物大健康产业的融合。一方面，将“养生、保健”等理念引入高原特色农业生产经营中，结合休闲农业和乡村旅游发展，探索养生体验、休闲保健农业模式，形成大理州“养生、保健”农业文化，增强农业市场竞争力。另一方面，充分发挥“互联网 + 农业 + 大健康产业”经营模式的优势，做大做强大健康产业企业，树立大理大健康产业品牌，提高大健康产业的市场竞争力。

2. 以科技进步和绿色清洁生产提高农产品质量

一是以洱海保护治理为契机，按照“产业生态化、生态产业化”的要求，以农艺、农机创新和推广应用为抓手，依靠科技进步，对传统产业进行生态化改造，推进大蒜、奶牛等传统产业的绿色生产、绿色加工和绿色物流，降低农业面源污染，提高资源利用效率，实现生产、加工和物流过程的优质、低耗、高效和废弃物资源化再利用，减少资源消耗和环境污染；二是大规模实施农业节水工程，集中治理农业环境突出问题，达到“一控、两减、三基本”的目标。

3. 以三产融合和多功能性拓展提升产业效益

纵向上，重点加强特色优质农产品和生物医药等大健康产业产品精深加工的发展，促进农业与二产的融合，延长产业链；横向上，重点加强创意农业、休闲农业、乡村旅游、养老保健、“互联网 +”智慧农业、现代服务业等的发展，形成新产品、新模式、新业态乃至新产业。

4. 以建立完善合作共享机制推进产业化经营联合体发展

加大对农业龙头企业、专业合作社、家庭农场、经营大户等新型经营主体的支持，建立健全各主体之间的分工协作机制、资源要素共享机制及利益共享机制，积极培育发展一批带头作用突出、综合竞争力强、稳定可持续发展的农业产业化经营联合体，力争在主体培育、产品培育、品牌培育、新产业及新模式培育、中高端消费市场培育等各个方面取得新突破，有效提高农业的组织化、规模化、产业化水平。

四、构建外向型现代农业经济体系的政策建议

1. 强化组织落实

大理州各级各部门应进一步加强组织协调，按照国家和云南省关于加强农业供给侧结构性改革，促进农业对外合作和农村一、二、三产业融合发展等要

求和部署，制订具体工作方案，明确工作责任，切实抓好各项工作的落实。

2. 优化发展环境

全州各级各部门应进一步加快政府职能转换和服务型政府建设。一是继续完善土地、财税、金融、科技等政策，优化高原特色农业产业发展环境，为相关项目建设创造有利条件。二是进一步强化部门之间的配合，创新服务体制和服务方式。三是调整规划布局，促进区域协调发展。例如，将大理州交通枢纽的空间布局从大理市进一步拓展到祥云县，既可减轻经济发展对洱海保护治理和大理市现代农业发展的压力，又可提升祥云县的发展速度。

3. 强化创新驱动

一是支持大理州农业科学研究院以及有实力的农业龙头企业，加强与省内外农业科研单位和大专院校的合作，加大农业科技创新力度，依靠科技创新，打造农业战略性新兴产业，培育农业新产品、新业态和新模式，共同打造促进农业农村经济增长的新引擎；二是加强现代农业科技的推广应用，注重高新技术对传统产业的改造，促使其实现转型升级，焕发出新的活力，为经济建设做出应有的贡献；三是创新主体培育、品牌培育支持方式，加快发展农业生产性服务业，大力推进农业生产托管，破解小农户农业对接社会化大生产和国际化大市场的困局。

4. 加大财税扶持

落实强农惠农政策，盘活存量，力争增量，加大对高原特色农产品生产、加工、贸易、物流、科教、信息、休闲农业及乡村旅游、质量安全等产业发展基础设施建设和新型经营主体培育、品牌创建等的支持力度，促进高原特色外向型现代农业产业体系、生产体系和经营体系的建设与发展。

5. 培养专业人才

一要进一步提升农业外事外经队伍整体素质，培养一批精通世贸组织规则和相关法规，熟悉农产品国际贸易的人才队伍。二要加强对各级农业管理人员及农业出口企业负责人的培训，提高其政策和业务水平，建立一支复合型人才队伍。三要强化对出口基地农民的培训，增强农产品质量意识、安全意识和品牌意识。

6. 加强对外宣传

一是在全省各类媒体设立大理州高原特色农业发展专题、专栏，及时反映大理州外向型农业发展的优势、成绩、重点项目进展情况以及成功的经验，建设永不落幕的大理高原特色农产品博览会。二是继续加大支持力度，在国家级或发达地区公共媒体大力宣传地方特色资源、特色产品、民族文化、风土人情等公共性农业品牌，扩大国内外市场知名度。三是加大力度支持全州优势特色农产品参加国内外各种农产品博览会、展销会。

7. 扩大对外交流

大力组织对各级政府相关部门和各类新型经营主体管理人员开展多种形式的培训学习和国内外先进地区的考察活动，拓宽视野，转变观念，更新知识，提高水平。

大理州农村产业融合发展的着力点

中共大理州委党校副校长　马云波

乡村振兴，产业兴旺是重点。2018 年中央一号文件明确提出到 2020 年，乡村振兴取得重要进展，制度框架和政策体系基本形成。农业综合生产能力稳步提升，农业供给体系质量明显提高，农村一、二、三产业融合发展水平进一步提升。推进农村一、二、三产业融合发展是党的“三农”工作理念和思路的又一重大创新，对于实现农业农村经济的转型升级，提升经济效益，增加农民收入都有重大的现实意义。改革开放以来，大理州始终把发展高原特色生态农业作为推进城乡一体化进程和农业现代化的重要内容，农产品深加工、休闲业和乡村旅游业加快发展，“互联网 + 农业”开始起步，推动了农村一、二、三产业融合发展。但农业与二、三产业融合程度低、层次浅、链条短，附加值不高。新型农业经营主体对产业融合的带动能力不强，利益联结机制松散，合作方式简单，先进技术要素扩散渗透力不强。基础设施建设滞后，涉农公共服务供给不足。如何进一步发挥大理得天独厚的资源优势和美丽宜居的生态优势，在产业的发展和培植中打好“生态”和“旅游”两张牌，主动适应消费需求的变化，优中造优，在特色上发力，做好农村一、二、三产业的融合发展是关键。

一、加大农业结构调整力度，打牢融合基础

农村一、二、三产业融合发展的基础在于农业，要充分发挥大理农业资源优势，突出规模效应，以农牧结合、农林结合、循环发展为导向，调整优化农业种植养殖结构，加快发展绿色农业。构建以粮食为基础，烟草、核桃、畜牧、蔬菜（含食用菌）、水果、中药材、马铃薯、蚕桑、高山生态茶和特色花卉十大产业为优势产业，休闲农业和淡水渔业两个产业为新兴产业的“1 + 10 + 2”的产业体系。推广适合精深加工、休闲采摘的作物新品种。要提高农产品原料生产基地建设水平。整合资源以特色产业提质增效为目标，集中打造一

批高效生态农业示范基地，引领大理州高原特色农业和食品加工业原料生产基地向标准化、生态化、高效化和绿色化方向发展，提高农产品原料生产基地建设水平。

二、推动农产品加工业转型升级，提升融合深度

要实现农业产业融合发展，关键在于加快农业由生产环节向产前、产后延伸，也就是“接二连三”。要依托丰富的高原特色生物资源和现有产业基础，以生物药业、生态饮品、果蔬加工、高原特色食品为重点，大力发展农产品和食品加工业。进一步推进农产品初加工、精深加工和加工园区建设，建立财政补贴和政策支持，扶持精深加工企业发展，引导农产品精深加工企业向园区集聚发展，以大理市、祥云县、宾川县为重点加大农产品工业园区建设，加强农产品加工技术创新，加大企业品牌建设力度，推进信息化与农产品加工业的高度融合，推进其数字化、网络化和智能化水平，提升大理州农产品加工增加值。

三、构建现代农业流通体系，畅通融合渠道

在优势特色产业集中发展区和集中生产基地，规划建设和改造提升农产品的批发和产地市场，推广农超、农企等形式的产销对接，鼓励在城市社区设立鲜活农产品直销网点。构建农产品跨区域流通体系，加强水果、蔬菜等大宗农产品的冷链物流系统建设，提升农产品的仓储、物流服务能力。实施“互联网”+现代农业行动计划。以“电子商务进农村”示范工程、农村淘宝“千县万村”项目、电子商务扶贫等重点工程为突破口，加强基础配套体系建设，推进覆盖县、乡、村三级的农村电子商务公共服务体系建设，营造良好的农村电子商务产业发展环境和生态系统。

四、大力发展休闲农业和乡村旅游，拓展融合宽度

充分发挥大理州的地理区位优势、旅游资源优势，结合绿水青山、田园风光、民族文化、乡土文化等资源，积极推进特色产业从食物保障、原料供给向就业增收、生态保护、观光休闲、文化传承、健康养老等多种功能拓展，探索发展大理州农业产业新业态。在推进农村产业融合发展的过程中，要更新发展观念，以市场需求为导向，提高标准化建设水平，提升管理和服务质量，以农

产品加工业、休闲农业和乡村旅游为引领，促进产业相互渗透和交叉重组，将农村一、二、三产业有机整合，形成新产业、新业态、新商业模式，带动资源、要素、技术、市场需求在农村整合集成和优化重组，实现产业范围扩大和就业增收渠道增加。按照产村相融、农旅集合、文化引领、以旅强农的要求，加强大理州旅游和乡村规划，做好乡村旅游和创意策划，引导全州乡村旅游特色化、集约化、生态化和品牌化发展。统筹新型城镇化和产业融合发展，加强农村文化遗迹和传统村落、传统民居和历史文化名村名镇保护，积极发掘、保护、延续和推广农耕文化、民族文化、乡土民俗文化。

五、加大培育和提升新型经营主体实力，加强融合力量

推进农村产业融合发展的关键，是培育多元化、市场化的融合主体。坚持数量与质量并重的原则，积极培育和发展家庭农场、专业大户、农业专业合作社等新型农业经营主体，强化农民合作社和家庭农场基础作用，带动发展多种形式的农业适度规模经营。着力引导大中专毕业生、务工经商返乡人员领办专业合作社、发展乡村旅游、开展农产品加工和电商销售等经营活动。鼓励社会资本投向农业农村，发展适合企业化经营的现代种养业。着力培育农业产业“小巨人”，增强企业辐射带动能力，探索组建龙头企业与农业专业合作社、家庭农场、专业大户等新型农业经营主体有机整合的现代农业产业化联合体。通过规划引领、补贴奖励、搭建平台等方式，为农村产业融合主体的壮大营造良好的环境，有力地推动农村产业融合深入发展。

六、完善利益联结机制，增强融合动力

推进产业融合发展的核心，是完善惠农、富农的利益联结机制，让农民真正分享产业链延伸、产业功能拓展的好处，实现农民增收。创新发展订单农业，引导龙头企业与农户、合作社、家庭农场签订农产品购销合同，合理确定收购价格，形成稳定购销关系。鼓励发展股份合作，支持农户将其拥有的农村土地、林地经营权和宅基地使用权等产权及资金、技术等生产要素入股发展农业产业化经营，运用“公司＋合作社＋农户”“公司＋基地＋农民”“农民入股＋保底分红”等利益联结方式，带动农民增收。强化工商企业社会责任，鼓励从事农业产业融合发展的企业优先聘用流转出土地经营权的农户，为其提供就业岗位，增加农户收入。

七、强化基础，深化改革，提高融合保障

统筹实施农田水利、乡村公路、电力通信、农村物流、乡村旅游等基础设施建设规划，加强水、电、路、互联网的改造升级，全面改善农村一、二、三产业融合发展的基础设施条件。积极争取中央、省对农村产业融合发展的政策和项目资金支持，全面落实大理州委、州政府的各项扶持政策。统筹安排财政涉农资金，保障对农村产业融合的投入，并向农村一、二、三产业融合发展项目倾斜。创新农村金融服务，进一步优化发展普惠金融，鼓励金融机构与新型农业经营主体建立合作关系，推广产业链金融模式，加大对农村产业融合发展的信贷支持。进一步扩大“三权三证”、经济林（木）果权的抵押贷款范围。积极探索金融创新，通过贴息、政策性担保、风险补偿、保险补贴等方式，扩大涉农金融服务范围和规模。要开展农村产业融合发展试点示范工作。积极争取国家农村产业融合发展“百县千乡万村”试点示范工程，鼓励各地积极开展试点示范工作。强化人才和科技支撑，加快发展农村教育特别是职业教育，加大农村实用人才和新型职业农民培育力度。引导各类科技人员、大中专毕业生、返乡商人农民工等人员到农村创业。积极支持农业企业、科研机构等开展产业融合发展的科技创新，以创新成果引领农村产业融合发展。抓好农业科技园区创建工作，依托园区建设，聚集科技人才、科技成果、科技企业等科技资源，为农村产业融合发展提供保障。

加快大理高原特色现代农业发展

中共大理州委党校行管、法学教研室副主任　杨　宗

习近平同志视察云南时指出，云南要立足多样性资源的独特优势，打好高原特色农业这张牌，要加快转变农业发展方式，走“产出高效、产品安全、资源节约、环境友好”的现代农业发展道路。近年来，大理州立足实际，相继出台了深化农村体制改革和农业、林业、水利、供销4个专项改革方案，制定了加快农业龙头企业培育、庄园经济发展、家庭农场发展、农民专业合作社规范化发展、新型职业农民培育、山地牧业跨越发展、林下经济发展等一系列政策措施，大理高原特色现代农业步入快速发展轨道，呈现良好的发展势头。

一、大理州高原特色现代农业发展的优势与成效

（一）优　势

大理州生态环境优越、物种资源丰富、区位优势明显，是云南省最具代表性、最有典型性的高原特色农业生产区，在全省16个州市中，大理州高原特色农业是非常有特点、有优势、有潜力的。

1. 自然禀赋独特

自然环境独特、生态条件良好，为生产优质农产品提供了独特的条件，具体表现在生物资源多样性、气候类型多样性、地形地貌多样性及土壤类型多样性等方面。

2. 区位优势明显

大理州地处云南对内、对外两条重要经济走廊的交汇处，既是连接昆明与西部七州市的交通枢纽，又是云南与南亚、东南亚地区交流的重要门户，在国家实施“一带一路”发展战略、建设长江经济带和面向南亚东南亚辐射中心中占有重要地位。

3. 产业基础坚实

特色优势产业粗具规模，种植业、畜牧业产值分列全省第二、三位；核

桃、乳制品和水果产值位列第一位。

4. 生态环境优越

大理州境内河流湖泊众多，有大小河流160多条，呈羽状遍布全州，分属金沙江、澜沧江、怒江、红河四大水系；境内有洱海等八大湖泊。森林覆盖率达58%，高于全省8个百分点。

（二）成　效

近年来，大理州以加快产业转型升级为着力点，以促进农民持续增收为目标，认真落实各项强农惠农政策，强化农业科技支撑，巩固和稳定粮食生产，大力培植烟草、核桃、畜牧水产、生物药业、蔬菜、特色水果、蚕桑、薯类、高山生态茶、特色花卉等特色优势产业，高原特色农业发展步伐加快、成效明显。

1. 农业产业结构不断优化

全州粮经比例已经提高到接近3∶1；农村经济总收入中一、二、三产业的占比提高到37∶35∶28；农林牧渔业总产值达到400多亿元。

2. 特色产业规模不断扩大，并逐步向优势区域集中

特色水果、蔬菜、蚕桑、生猪等集中在宾川、祥云、弥渡；核桃集中在漾濞、永平、云龙、巍山、南涧；乳业集中在洱源、大理、剑川、鹤庆、巍山等地；特色中药材和高山生态茶集中在南涧、永平、云龙、剑川的高山地区；花卉集中在以大理为核心的环洱海地区。

3. 新型农业经营主体全面发展

2016年，全州农民专业合作社达到3424个，合作社社员达到8.01万人；家庭农场745户，家庭牧场150户，州级以上农业龙头企业达167户；培育省级现代农业庄园7个，认定10个州级现代农业庄园；以种养大户、家庭农场、农民专业合作组织和农业社会化服务体系骨干为对象培育新型职业农民1100人。

4. 农业科技水平不断提升

除继续加强水稻等7个现代农业产业技术体系建设外，逐步形成大理大学、大理技师学院、省林科院漾濞核桃研究院、州林科所等科研教学机构和12个龙头企业技术研发中心、1万户科技示范户组成的产、学、研、推相结合的农业科技推广格局。建立了256个农业科技推广机构。主要农作物和畜禽良种覆盖率达95%以上。全州农业科技贡献率达54.56%，高于全省平均水平。

5. 农产品品牌建设和质量安全水平不断提升

目前，大理累计认证“三品一标”300 个，认证基地面积近 500 万亩。创中国驰名商标 4 个、云南名牌 41 个、云南省著名商标 68 个，云南名牌农产品 37 个。初步建成了“州—县市—乡镇—市场、企业”四级质检体系，农产品质量安全抽检合格率为 98.16%。

6. 农业服务体系建设力度加大

建成了 13 个农业信息网和大理数字乡村新农村建设信息网，依托“三农通”平台为 110 多万农民群众提供信息。以淘宝特色中国·大理馆、大理特产网、大理农产品交易网、大理农业科技服务网为核心的农产品电子商务运营平台基本建成。

二、大理州高原特色现代农业发展面临的困难和挑战

当前，大理州正处于传统农业向现代农业转变的关键阶段，除生态脆弱性的制约、投融资难度大、产业链短、投资回报率不高等全省共性问题外，还面临着以下个性问题：

（一）资源环境约束日益趋紧

土地资源、水资源等承受能力减弱，优质耕地资源不足，陡坡耕地和劣质耕地比重较大；资源性缺水与工程性缺水并存。长期以来，农业生产“三重三轻”现象较为普遍，导致土壤养分失调，部分农田氮磷富集，土壤生产力下降。

（二）产业布局不够合理

全州高原特色农业产业发展规划滞后，产业布局还不尽合理。一是随着洱海保护力度加大，洱海流域奶牛养殖老区不宜再扩大，全州乳业布局有必要进行合理的调整；二是特色产业开发缓慢。大理州是“云烟、云茶、云药、云花”等主要产业的重要分布区，但茶叶产业有待提升，特色花卉、生物制药、观光休闲农业等特色资源的产业化开发滞后，新兴产业发展相对缓慢。

（三）产业化发展水平不高

一是存在着龙头强基地弱与基地强龙头弱并存的情况。深加工企业的规划和发展滞后，缺乏大而强的深加工企业。二是农业龙头企业的带动能力不强。一方面是龙头企业与基地和农户之间缺乏紧密的利益联结机制，难以形成“风险共担、利益共享、相互协作”的利益共同体。三是农产品加工企业小、

散、弱，品种数量虽多，但缺少品牌，市场竞争力不强。农产品以初级加工产品为主，产业链条较短，农产品加工业产值与农业总产值之比为0.58∶1，不足全国平均水平的三分之一。四是现有农业专业合作组织运作管理不规范，服务功能不强，参与农户比例偏低，组织化程度不高，农民专业合作社带动能力不强，社员及其带动的农民数量仅占农户总数的19%。

（四）产业发展资金投入困难

一方面，传统优势产业提质增效、新兴特色产业培育等需要大量的资金扶持，而目前的扶持力度还十分有限；另一方面，农产品收购具有很强的季节性，企业在相对集中的时间内需要大量流动资金，但受小农经济的传统观念及信贷担保等因素影响，导致龙头企业贷款困难，金融扶持政策和力度不足。

总之，大理州农业大而不强的状况没有根本改变，基础设施薄弱的状况没有根本改变，传统的农业生产方式没有根本改变，产业化水平低的状况没有根本改变。

三、做好“转变”，加快推进大理高原特色农业现代化

转变农业发展方式，推进大理高原特色农业现代化，是大理加快高原特色农业发展的必由之路。大理州转变农业发展方式要以市场需求为导向，以规模化、集约化、生态化为重点，以全产业链打造和多功能拓展为手段，以促进农业增效和农民增收为目标。将农业作为强基固本的基础产业、富民强县的支柱产业、三产融合的现代产业、招商引资的融资产业、“互联网+”的新兴产业和主动融入“一带一路”的开放产业来抓。

（一）调整结构促转变

农业是一个受资源约束较强的行业，这就要求我们因地制宜，找准自身优势，主动调整产业结构，不仅种、养、加、销四大板块要进行结构调整，每个板块内部也要结构调整，只有结构优化了，才能确保运转方式转出发展空间、转出生产效益。

（二）深化改革促转变

土地资源配置决定了生产力布局，土地经营权如果分散在千家万户，就永远跳不出小农经济的藩篱。因此，2013年中央1号文件提出，用五年左右的时间基本完成农村土地承包经营权确权登记颁证，实现土地所有权、承包权和经营权“三权分设”，大力支持和鼓励农村土地经营权适度规模流转，通过改

革为现代农业的规模化、集约化发展奠定基础，为转变发展方式注入新的发展动力。

（三）培育主体促转变

转变农业发展方式如果没有主体的推动，靠自然发展是不可能实现的，所以，必须培育多元化的主体，在转变发展方式中发挥积极作用。首先是在经营制度上，要坚持走多种经营方式并存的发展路子，鼓励企业经营、合作经营、家庭经营等多种方式并存，大力培育类型多样、结构合理的主体，激发经营体系活力，为转变农业发展方式提供主体支撑；其次是从农业内部看，当前主体小散弱的问题十分突出，龙头企业、合作社、农业庄园、家庭农场、新型职业农民等新型农业经营主体在整个农业经营体系中比例偏低、质量不高、带动力不强，严重制约着发展方式转变；最后从产业发展实践看，大理发展高原特色农业产业资源非常丰富，但却开发成效不够理想，核心问题还在于没有规模大、带动力强的主体来引领推动。

（四）创新科技促转变

当前“谁来种地”的压力越来越大，耕地、水等资源约束偏紧，自然灾害频发，靠拼人力、拼资源来稳定农业综合生产能力已难以为继，提高农民收入只能更多地转到依靠良种、良法、良技、良机等科技措施上来。只有依靠创新科技，提升农业装备水平，才能解决好转变农业发展方式中面临的劳动力、耕地、水等资源紧缺问题。

（五）信息服务促转变

从生产角度看，通过信息化管理可以大大提升智能化生产水平，农业生产精细化程度，实施农产品质量安全全程监管，起到节本增效保安全的良好效果。从营销角度看，电子商务、网络营销已经越来越受到消费者的认同，互联网逐渐成为农产品销售的又一个主渠道。在信息化时代的大背景下，应该以“互联网+”为手段，强化全领域、全过程的农业信息化服务，在转变农业发展方式中转出新的亮点，激发出新的活力。

（六）“一控两减”促转变

生态环境和资源条件这两道“紧箍咒”也束缚着农业长远发展。加快转变农业发展方式，迫切要求按照“一控两减”的要求，大力发展节水高效农业，努力把农药和化肥施用量降下来。“资源节约、环境友好”离不开“一控两减”，转变农业发展方式所要求的由数量型向数量质量效益并重型转变离不开“一控两减”。

（七）拓展功能促转变

转变农业发展方式，必须积极拓展高原特色现代农业的功能定位：一方面，要巩固稳增产、促增收的农业基本功能。稳定粮食生产，丰富肉蛋奶、果菜茶等特色农产品供给，提供数量足、品种多、特色强、质量好并且营养健康的产品。另一方面，要与休闲观光农耕文化结合，积极拓展农业功能领域。将现代农业与乡土农耕文化相融合，打好高原特色现代农业的文化牌，发展乡村旅游、生态农业、观光休闲和能源替代等新兴业态，兼顾生产、生活与生态，拓展高原特色农业的功能领域。

旅游发展

把大理建成世界级旅游休闲胜地的思考

中国旅游研究院昆明分院暨云南省旅游规划研究院
常务副院长　蒙　睿

2017 年 12 月 6 日至 9 日，本人经领导批准，参加由中共云南省委宣传部、省社科联、中共大理州委、大理州人民政府主办的“云南社科专家大理行”调研咨询活动。活动期间，听取了中共大理州委陈坚书记对大理州情的介绍及大理建设生态文明建设标兵、民族团结典范、世界级休闲度假胜地的打算；考察了洱海博物馆和湾桥古生村；重点考察了祥云县、宾川县现代工业、高原特色农业和扶贫等方面的工作；参加 9 日下午在龙山会议中心召开的“云南社科专家大理行”调研咨询暨大理发展高端论坛。结合调研过程中的所见所闻，结合 9 日下午论坛发言——“浅谈大理建设世界级旅游休闲度假胜地对策研究”，将此行的收获整理汇报如下。

大理要建设世界级旅游休闲度假胜地，应该把握好“世界级”“休闲度假”和“胜地”三个关键词。

一、选择好做到世界级的三个产品

大理拥有世界级的自然、文化资源，正在实施“一批”重点旅游项目建设，个人认为当前急需解决沟通“世界”的“语言”问题，是什么呢？从大理的情况来看，一是白族文化，二是佛教文化，三是户外运动。民族的就是世界的，大理的白族文化是大理区别于其他旅游目的地、吸引海外游客的具有唯一性的资源。佛教在大理源远流长，唐宋以降有“妙香佛国”的美誉，鸡足山以迦叶道场、禅宗发源地位列中国五大佛教名山，在南亚、东南亚有较高的知名度。白族文化、佛教文化是大理旅游开发的主要依托，观光旅游时代是，休闲度假时代也是，应继续保护性开发，可持续利用好。下面重点谈谈户外运动。

二、户外运动与休闲度假

户外运动已由十几年前的消费趋势日益发展为当今全民现象级的活力纷呈、健康精彩的生活方式；户外运动也是我们沟通“世界”的语言，在休闲度假阶段有丰富的应用场景。奥林匹克精神是全人类崇尚的精神，奥林匹克运动会是迄今为止级别最高的、参与国家最多的国际性盛会，户外运动是奥林匹克运动的大众化表现形式，大理打造世界级旅游休闲度假胜地，应加快户外运动旅游产品的发展。

户外运动和休闲度假是孪生姐妹，你中有我，我中有你。休闲度假，就是在一地住下来，待一段时间。大理经过多年的发展，已经吸引了大量的游客来到大理住下来。但住下来后，游客怎么待得住、有玩场？经营者怎么能持续提供服务、有收入？这些都是大理旅游转型升级、打造世界级旅游休闲度假胜地急需解决的问题。户外运动旅游是解决这一问题的主要抓手。

户外运动源于欧美早期的探险、科学考察活动。现在的户外运动是在规范和安全的前提下，走出居所、城市，走向自然，从事具有一定挑战性和休闲性的活动。从狭义上看，户外运动是一种带有探险挑战性质的运动，包括徒步及器械穿越、负重行军、徒手及器械攀岩、洞穴探险、峡谷运动、河湖横渡、定向运动、野外生存、拓展、溯溪、速降、漂流、野外生存、攀冰、山地滑雪、登山等。从广义上看，更应该解释为与城市相区别的一种生活形态，不仅仅是探险和挑战，还指区别于专业体育活动的所有户外运动和活动。如马术、温泉、高尔夫、通航与低空飞行、游艇、钓鱼与海洋牧场、越野、攀岩、热气球、瑜伽静修与辟谷、房车露营、水上运动、景区与森林疗养、潜水与水下狩猎、山地自行车、帐篷酒店、民宿客栈、自驾游联盟与营地、吃货俱乐部与食材、蹦极与跳伞、体育运动赛事运营、宠物大赛、户外救援与培训、动力伞滑翔、武术、无人机、湿地公园与候鸟旅居、摄影、实景演艺、亲子乐园、天文与航模、重机巡游、采摘、风筝、沙漠户外与冲沙越野。相较于体育运动，户外运动更加重视身心感受、户外体验和心情的释放、个性的表达，注重生命个体灵魂的和谐享受。因其自由奔放、亲近自然和健康向上的特性，十分符合当代年轻人的精神追求。就像国际上通行的解释：To out door，to be myself（在户外运动中得到快乐，实现自我），因此户外运动是集健身、旅游、探险、娱乐等为一体的休闲体育旅游活动，其目的就是放松，通过运动休闲驱散疲劳，释放生活和工作压力，获取真知。

户外运动产品类型多样，受众面广；参与运动的游客群体总体素质较高，具备较好的生态保护环境意识；户外运动产业链长，群体消费粘性强，频率高，消费能力较强。“十三五”以来，国家高度重视、大力促进户外运动旅游的发展，在国务院领导下，国家发展和改革委员会、国家体育总局、国家旅游局等先后出台《国务院关于加快发展体育产业促进体育消费的若干意见》（国发〔2014〕46号）、《国务院办公厅关于加快发展健身休闲产业的指导意见》（国办发〔2016〕77号）、《关于支持社会力量举办马拉松、自行车等大型群体性体育赛事行动方案》（国家发改委等，2017年）、《国家旅游局 国家体育总局关于大力发展体育旅游的指导意见》（旅发〔2016〕172号），国家体育总局、国家旅游局等部委联合编制发布了《山地户外运动产业发展规划（2016—2020）》《水上运动产业发展规划（2016—2020）》《航空运动产业发展规划（2016—2020）》《冰雪运动产业发展规划（2016—2020）》《自行车运动产业发展规划（2018—2020）》《击剑运动产业发展规划》指导体育旅游、户外运动旅游的发展。云南省积极贯彻落实相关意见精神和规划要求，坚持产业融合的发展路径，把户外运动旅游等列为云南省加快推进旅游产业转型升级重点任务之一，编制完成了《云南省露营地自驾游发展专项规划（2016—2030）》《云南省户外运动旅游发展专项规划（2018—2030）》《云南省航空运动旅游发展专项规划（2018—2030）》，为全省新产品新业态的发展提供规划指导。

大理苍山洱海之间，风花雪月之下，聚合“水、陆、空”立体全要素的人文历史及户外自然资源，是开展全域、全时、全龄、全季的各种户外运动的理想场所；年接待超过3000万人次的游客量，也为附加值较高的户外运动旅游产品提供了充足的门槛游客。经查阅相关规划，环洱海自行车赛（七彩云南格兰芬多国际自行车赛大理站）、大理100越野赛、大理徒步旅游节、大理三月街民族节千人环洱海自行车赛、大理苍山七峰越野挑战赛、弥渡县钓鱼竞技比赛、云龙太极—天池山地自行车爬坡赛等已列入全省户外运动旅游规划，在下一阶段支持提升做大；苍洱自驾/骑行旅游环线、大理市洱海户外运动旅游基地（海东华彬滑翔伞飞行营地）、鸟吊山滑翔伞飞行营地、石门关滑翔伞飞行营地等已列入全省专项发展规划，为大理在打造世界级旅游休闲度假胜地过程中大力发展户外运动旅游提供了上位规划的支持。

要解决好休闲度假的问题，除了包括户外运动在内的新产品、新业态开发外，更重要的是要解决好苍洱核心区和周边景区、户外运动资源便捷连接的问题，做到产业集群与空间资源有机融合、内生贯通，把3000万人次的游客红利迅速分享到周边地区，将流量优势转化为资源优势，将资源优势生发为产业优势和经济优势。同时，让“住下来”的休闲度假游客能够“待得住”，有地方可去。目前环洱海旅游专线已经打通，但旅游公共交通、自驾游交通、自行车道、步道等多种旅游交通方式畅通并行的局面还未形成；环洱海核心区连接鸡足山、巍山古城、剑川沙溪镇、漾濞石门关、老君山等重点景区的交通路网已经形成，但还不快捷、通畅，游客休闲度假过程中自行前往周边县区乡村旅游点、休闲农业庄园、红色旅游景区景点的全域旅游交通和公共服务尚未形成；苍山洱海之间还没有形成具有一定规模、形成引领的户外运动旅游项目，环洱海观光旅游带离休闲度假旅游带还有较大的距离。需要州委、州政府以大理州创建国家级全域旅游试点为契机，全面提升、解决环洱海核心区“散出去”的旅游基础设施和公共服务设施建设问题，从而避免因游客长期超载，造成对当地社会管理造成的巨大压力。

三、关于“胜地”打造的两个关键点

有了沟通世界的“语言”，有了休闲度假的产品业态和空间体系，只能叫作世界级度假地，要想成为“胜地”，还必须有聚焦全球眼光的项目和事件，还必须有引领全球旅游创新发展的人才和模式，这是大理打造世界级旅游休闲度假胜地必须攻克的两大堡垒。

基于白族文化和佛教文化的底蕴，利用苍山洱海良好的地理条件，建议在海东一面荒山荒坡高起点策划、运营以航空运动、山地运动等时尚、健康、高端、国际的事件和项目，举办类似美国AOPA国际飞行大会一类的体育旅游为一体的国际航空运动盛会，将海东片区打造成对标新西兰皇后镇、法国圣希莱尔航空小镇等全球滑翔伞胜地。

建议大理州委、州政府积极协调省教育厅，在大理大学现有旅游专业办学基础上，在省旅游发展委员会、中国旅游研究院等指导下，积极引进中国国际运动休闲与泛户外产业协会等合作组织，比如，开展以二十四节气为人文依托的全年泛户外节，每个节庆活动都可以持续保持半个月左右的属地消费热度和品牌传播效能；科学选取应用型学科培训体系，成立亚洲唯一一所拥有泛户外救援减灾专业的教育基地，用 3～5 年时间在相关优势领域形成专业人才培养和专项研究的高地，为大理旅游的发展积蓄后劲，在人才输出、模式输出等旅游产业链高端发力。最终，在打造世界级旅游休闲度假胜地的同时，发起举办全球泛户外高峰论坛，并将大理定为永久会址；多措并举，将大理打造成与昆明量级相当，宜旅、宜业、宜居、宜养、宜商、宜学，能够辐射周边区域的旅游中心城市，国际级户外、运动、休闲、旅居、康养、度假目的地，力争形成云南旅游双中心驱动的格局（昆明和大理），为云南旅游强省建设做出更大的贡献。

把大理建成世界级旅游目的地的思考

中共大理州委党校副校长　杨晓刚

大理州第八次党代会明确提出未来五年的发展目标之一是要打造文化旅游品牌，“把大理建设成世界级休闲度假胜地”，几年来，全州上下在政策引领、项目推进等方面扎实工作，大理世界级休闲度假胜地建设稳步推进，“休闲大理”的品牌影响力不断扩大。党的十九大以来，州委、州政府以习近平新时代中国特色社会主义思想和十九大精神为指导，进一步谋划大理跨越式发展的新思路、新目标。州八届三次全会提出了把大理建设成为生态文明标兵、民族团结进步典范、现代国际旅游城市、云南面向南亚东南亚辐射次中心和“一带一路”上的重要支点，闯出一条跨越式发展新路子的目标；州十四届一次会议也提出把大理建设成为生态文明的标兵、民族团结进步的典范、世界级旅游目的地和健康生活目的地，云南交通次枢纽、面向南亚东南亚辐射次中心、“一带一路”上的重要支点，闯出一条跨越式发展新路子。从“世界级旅游休闲度假胜地”到“现代国际旅游城市”，再到“世界级旅游目的地和健康生活目的地”，彰显了新时代大理跨越发展的新思路、新目标。

一、大理建设世界级旅游目的地和健康生活目的地的意义

（一）把大理建设成世界级旅游目的地和健康生活目的地是大理贯彻落实习近平新时代中国特色社会主义思想和党的十九大精神的重要举措

党的十九大立足于我国进入中国特色社会主义新时代，社会主要矛盾已转化为人民日益增长的美好生活需要和不平衡不充分的发展之间的矛盾的实际，强调以人民为中心的发展思想，不断促进人的全面发展，全体人民共同富裕，作出了新时代中国特色社会主义发展的战略部署。把大理建设成世界级旅游目的地和健康生活目的地，充分体现了以人为中心的发展理念，体现了实施健康中国战略的理念，是落实转变发展方式、优化经济结构、转换增长动力的重要举措，是有效推进大理供给侧结构性改革，推动大理经济发展质量变革、效率

变革、动力变革的有效途径。

（二）把大理建设成世界级旅游目的地和健康生活目的地是大理对省委、省政府关于全力打造云南“三张牌”部署的具体落实

云南省十三届人大一次会议开幕式上，省长阮成发在《政府工作报告》提出，云南要打造好“绿色能源”“绿色食品”“健康生活目的地”“三张牌”，让“绿色”成为云南产业转型升级、经济高质量发展的基本底色。“三张牌”紧扣云南实际，彰显云南特色，为全省发展绿色产业指明了方向。“三张牌”也非常符合大理的实际，可以大有作为。利用好“三张牌”，打好“三张牌”，是大理绿色发展、跨越发展的关键。随后召开的大理州十四届一次会议通过的《政府工作报告》，将发展目标之一调整为把大理建设成为世界级旅游目的地和健康生活目的地，是对省委、省政府关于打造“三张牌”的部署的及时落实，是将全省“三张牌”的部署与大理实际相结合形成的新目标、新思路、新安排。

（三）把大理建设成世界级旅游目的地和健康生活目的地是推进大理跨越发展的重要抓手

州八届三次全会号召全州各级党组织和广大党员干部要把深入学习贯彻党的十九大精神和习近平新时代中国特色社会主义思想作为当前首要的政治任务和长期工作主题，学深悟透、笃行真用，始终高举习近平新时代中国特色社会主义思想伟大旗帜，以全新思想、全新理念、全新实践，立足当前，着眼长远，顺时而谋，乘势而上，谋划大理跨越式发展的美好蓝图，把大理建设成世界级旅游目的地和健康生活目的地，是世界级旅游休闲度假胜地建设目标的延伸和新提升。世界级旅游目的建设，有利于大理旅游产业转型升级，有利于大理作为旅游休闲度假胜地的进一步打造；健康生活目的地建设，是要通过打造从“现代中药、疫苗、干细胞应用”到“医学科研、诊疗”，再到“康养、休闲”全产业链的“大健康产业”，使云南的蓝天白云、青山绿水、少数民族特色文化转化为发展优势、经济优势。大理建设世界级旅游目的地和健康生活目的地，必将抢占产业制高点，激发发展新动能，有效推进大理跨越新发展。

二、把大理建设成世界级旅游目的地和健康生活目的地的思考

发展目标从“世界级旅游休闲度假胜地”到“世界级旅游目的地和健康生活目的地”的延伸和新提升，是州委、州政府以习近平新时代中国特色社

会主义思想和十九大精神为指导，进一步谋划大理跨越式发展的新思路、新部署。通过学习习近平新时代中国特色社会主义思想和党的十九大精神，以及省州党委政府的部署，对于如何把大理建设成世界级旅游目的地和健康生活目的地，笔者有一些初步的思考。

（一）世界级旅游目的地建设仍要突出“旅游休闲度假胜地”的内涵

尽管在发展目标上已由原来的“世界级旅游休闲度假胜地”调整为“世界级旅游目的地和健康生活目的地”，但在建设发展中特别是在“旅游目的地”建设中，“旅游休闲度假胜地”的内涵不能丢。首先，从我国目前旅游产业走势来看，随着我国进入中等收入国家行列和人们对美好生活的向往，旅游已呈现出两个突出特点：一是从旅游内容来讲，由观光旅游向休闲度假转变；二是从旅游者消费来讲，由低端旅游向高端旅游转变。“旅游休闲度假胜地”的内涵符合这种转变。其次，大理旅游要落实供给侧结构性改革，实现产业转型升级，向质量效益型发展，走休闲度假旅游之路是最佳选择。再次，随着大理旅游的长足发展，带动着大理航空业、酒店客栈业、餐饮业、道路交通业以及娱乐、购物、酒吧的发展，大理的休闲气质越来越显现，大理的休闲品牌越来越为国内外所知晓，大理旅游发展只有突出“旅游休闲度假胜地”的内涵，才能走上“世界级”。因此，世界级旅游目的地建设中仍要突出“旅游休闲度假胜地”的内涵，要吸收借鉴国内外典范的休闲度假胜地和休闲城市的经验，结合大理实际，进一步提升休闲氛围和休闲品质，着力打造世界休闲度假胜地品牌。

（二）世界级健康目的地建设要从大理实际出发，突出培育休闲养老、康体休闲新业态

从省委、省政府的政策指向看，围绕“健康生活目的地”，云南大力发展从“现代中药、疫苗、干细胞应用”到“医学科研、诊疗”，再到“康养、休闲”的大健康产业，走国际化、高端化、特色化、智慧化之路，重塑旅游形象，树立旅游品牌。笔者看来，健康生活目的地建设从目标来看，本质上仍然是走“医养+休闲”的旅游发展之路。从大理的实际来看，大理世界级健康目的地建设，在重视生物制药、现代中药，加强医学人才的培育基地建设的同时，要突出培育休闲养老、康体休闲新业态，使大理的蓝天白云、青山绿水、特色文化转化为发展优势，成为世人健康生活的向往之地，这样就能够更好地实现世界级旅游目的地和健康生活目的地建设的有机整合，使大理的休闲品质

的内容更加丰富，层次更加提升，更加具有吸引力和影响力。

（三）大理世界级旅游目的地和健康生活目的地建设要强化政策支持

从国内外的经验看，政府在休闲度假和大健康产业发展中有着不可替代的作用。一般而言，政府在满足休闲度假和大健康产业需求方面扮演着以下五种角色：直接提供者；服务的延伸提供者；协调者；服务的支持者；产业发展的立法者和规制者。大理世界级旅游目的地和健康生活目的地建设中，州、县、市政府要积极发挥主导、统领作用，要在投融资政策、税费优惠政策、财政扶持政策、土地使用倾斜政策等方面拿出切实有效的政策措施推动发展。

（四）大理世界级旅游目的地和健康生活目的地建设要有品牌定位

从大理的实际出发，世界级旅游目的地和健康生活目的地建设核心还是要在“休闲”二字上做文章，要突出休闲与健康养生的结合。而品牌在旅游休闲和健康养生发展中有着重要的引领作用，能进一步彰显气质，营造氛围。因此，大理世界级旅游目的地和健康生活目的地建设要有品牌定位。笔者认为，大理世界级旅游目的地和健康生活目的地品牌定位应坚持三个基本原则：一是大理固有的气质特征的典型归纳；二是大理休闲发展趋向；三是社会的认同度。鉴于此，大理世界级旅游目的地和健康生活目的地建设的品牌定位方向应该是：体验“慢”生活，健康在大理。对于具体表述，相关部门可以动员社会力量，在全国乃至世界范围内开展征集，一旦确定，就要形成大理世界级旅游目的地和健康生活目的地的品牌表述系统，并将其落实到产业发展实践中，落实到产品（服务）中，体现在城市标识、物产文化、行为规范、产业发展、市民素质等各个方面，真正为民所知、为民所拥、为民所用，增强凝聚力和吸引力。

（五）大理世界级旅游目的地和健康生活目的地建设要注重产业培育

大理世界级旅游目的地和健康生活目的地建设必须要有产业支撑。当前大理在休闲产业方面已现雏形，但在发展水平、发展质量上还有很大差距，大健康产业也还在起步阶段。实际上，无论旅游休闲度假产业，还是大健康产业，其产业起点高、质量要求高，既强调硬件条件，更有软件条件要求。因此，大理世界级旅游目的地和健康生活目的地建设中，必须加快培育旅游休闲度假产业和大健康产业。

全域旅游视角中的大理旅游

中共大理州委党校科技文史教研室主任　王丽华

大理州始终坚持以人民为中心的发展思想，牢固树立和贯彻落实新发展理念，崇尚创新、注重协调、倡导绿色、加强开放、推进共享，努力提高统筹贯彻新发展理念的能力和水平，引导大理全域旅游在发展上取得新突破。

一、坚持“四个”创新，促进旅游产业转型升级

1. 创新发展理念，转变发展方式

大理州创新发展理念从单点式旅游向全域旅游转变，促进旅游业全区域、全要素、全产业链发展，实现旅游业全域共建、全域共融、全域共享。

2. 创新产业布局，促进集群发展

突出大理特色，合理布局产业，全力打造组合产品，实现集群化发展。在“十二五”期间六大旅游景区建设基础上，构建全州“十三五”全域旅游产业发展“一核四区”新布局。一是一核：以苍山洱海景区为核心，围绕大理市、漾濞县、洱源县丰富的旅游资源，以环苍山洱海轨道交通建设为基础，以大理古城国家级历史文化名城改造提升、环洱海流域休闲度假带建设、苍山深度开发、喜洲和双廊等旅游名镇建设、大理三月街及影视城片区提升、洱源“一河三湖”及温泉休疗度假开发和漾濞石门关景区建设等项目为重点，创新发展现代休闲度假产品，优先打造大苍洱休闲度假旅游精品核心区。二是北部片区：围绕剑川县和鹤庆县丰富的旅游资源，以石宝山—沙溪古镇景区、剑川古城、剑湖片区、老君山片区开发和鹤庆新华旅游小镇建设等项目为重点，精心打造鹤庆银铜器手工艺品加工和剑川木雕文化产业园区，完善交通网络，建成大理、丽江之间的特色旅游目的地。三是东部片区：围绕宾川县和祥云县佛教文化优势，以宾川鸡足山和祥云水目山、云南驿古镇开发等项目为重点，努力把宾川县建设成为全国旅游强县。四是南部片区：围绕巍山县、南涧县和弥渡县丰富的旅游资源，以巍山国家级历史文化名城改造提升、南涧樱花谷景区和

弥渡热海生态城等项目为重点，建设南诏文化、小河淌水和茶山花海民俗特色旅游区，努力把巍山县建设成为全国旅游强县。五是西部片区：围绕云龙县和永平县的旅游资源，以诺邓古镇、宝丰古镇和宝台山景区等项目为重点，充分挖掘茶马古道文化等旅游资源，打造乡村生态旅游示范县。

3. 创新经营业态，打造特色品牌

一是开发适合市场需求的新产品。大理州大力开发新型专题观光型产品，如观光度假旅游、民俗文化体验、古城古镇探秘、宗教文化朝圣、温泉医疗养生、运动赛事探险、美食娱乐休闲等新型观光旅游产品，满足了旅游者渴望回归自然的心态，也解决了旅游市场上供求不协调的矛盾问题。二是开发高端旅游产品。大理州不断优化旅游产品结构，拓展面向中高端游客的产品，积极发展高尔夫、探险、科考、直升机和游艇休闲度假旅游项目。三是打造乡村旅游品牌。大理州重点推进喜洲、双廊、州城、沙溪、云南驿、密祉、凤羽、下山口、曲硐、宝丰等特色旅游小镇的开发建设，争创一批全国特色旅游城镇和特色景观旅游名镇，逐步实现品牌化经营。

4. 创新融合发展模式，实施“旅游＋”的发展模式

一是充分发挥旅游综合产业优势，致力于推动旅游与一、二、三产业融合发展。催生乡村旅游、工业旅游、文化旅游、康体养生旅游、科考探险旅游等新产品、新业态涌现，推动旅游产业与优质资源、优势资本相结合，做大旅游产业。二是探索新型融合方法。围绕国家实施“一带一路”、孟中印缅经济走廊等建设，坚持“引进来”与“走出去”相结合，创新合作方式，拓展合作领域。积极推进与周边州市的无障碍旅游，打造滇西旅游集散中心，提升川滇藏“大香格里拉”生态旅游区合作，扩大与“长三角”“珠三角”、环渤海地区的旅游合作，推进跨境旅游，建立大理孟中印缅经济走廊旅游合作示范区。

（二）贯彻落实协调绿色发展理念，破解全域旅游发展的难题

1. 加强传统民族文化的保护

一是创新少数民族传统文化的传承方法。采取群体传承方法，如弥渡花灯进校园、进社区。采取家庭或家族传承方法，如鹤庆寸发标的银器加工等。采取社会传承方法，如白剧、布扎、木雕工艺的传承。二是发展民族文化旅游产业。围绕“以生态文明为本，历史文化为魂”这一主题，做好民族节庆品牌，如开海节、漾濞核桃节、大理国际影会、大理巍山南诏文化节等特色节庆文化品牌。同时，做好民族文化展演。围绕三道茶、绕三灵、跳菜、花灯等非物质

文化遗产打造文化旅游项目。

2. 加强生态保护，促进旅游业健康发展

一是加强生态保护工作。推广大理市洱海保护网格化模式，责任到人，强化责任追究。二是健全建立旅游资源“一龙治水”的大旅游大监管体制机制。构建保护与开发相统一、多元文化与旅游有机整合、产业发展与群众得利两促进的大旅游大监管的良好格局。

（三）不断完善旅游基础设施，增强发展后劲

1. 继续加强旅游交通体系建设

一是优先发展航空交通。加大国内重点旅游城市直航和省内环飞的工作力度，积极筹划大理至东南亚、南亚重点旅游城市的国际旅游包机。二是加快发展陆路交通。积极推进昆明至大理城际列车及大理至攀枝花、临沧、瑞丽等铁路建设；加快推进昆明至大理高速新线建设；积极建设剑川至鹤庆、漾濞至剑川、牛街至沙溪、双廊至鸡足山、太极山至巍宝山等旅游公路，力争形成覆盖全州各县市、快速通达周边地区的旅游公路网络。

2. 完善旅游散客服务体系建设

一是停车场建设。加大重点旅游景区和乡村旅游点停车场建设力度，合理布局旅游停车场。二是健全旅游公共服务网点。在机场、火车站、码头以及重点旅游城镇、旅游景区建设便民、利民的旅游公共服务网点，为自驾游和散客提供舒适、便捷、个性化的旅游服务。三是完善配套设施。完善各县市游客中心、标识标牌、旅游厕所等配套服务设施，努力把大理建设成为滇西旅游集散中心。到2020年年末，全州完成10个游客服务中心、200个旅游厕所的建设。

3. 加快智慧旅游服务体系建设

一是实现网络全覆盖。大力发展“互联网+旅游”，力争将大理建设成为世界闻名的智慧旅游城市。到2020年，实现全州重点旅游城镇、旅游景区景点、环洱海旅游休闲带、星级酒店、特色客栈WIFI全覆盖。二是完善信息平台。以大理旅游官方微信为核心，支持发展一批“互联网+”旅游企业，并通过官方微信实现本地智慧旅游平台的资源整合和服务共享；鼓励州内旅游企业与腾讯、阿里、携程、途牛等互联网旅游企业的强强合作。三是建立大理旅游大数据中心。建立基于游客实时同步的云数据库，为决策提供准确的统计数据；积极推进智慧旅游城市、旅游景区、旅游乡村、旅游企业建设，将智慧旅游作为考评旅游企业和旅游景区的重要内容。

（四）加快管理体制机制改革，规范旅游市场

1. 加快管理体制改革，实现政府职能转变

一是强化政府对旅游的宏观协调。明确界定旅游行政主管部门与旅游度假区管委会、开发区、旅游集团之间的职能范围，建立相互沟通的常设或定期沟通机制，进一步推动省与州、州与市之间利益分配的沟通、协商和调解，处理好利益上缴、分配和转移支付之间的关系。二是完善考核评价指标体系。为充分发挥旅游产业发展领导组成员单位的作用，建立日常沟通机制健全和考核机制，建立科学的县、市和镇（乡）旅游发展考核评价体系。三是以深化产权制度改革为重点，加大旅游企业改革力度。通过资产重组、兼并联合、连锁经营等形式，积极培育壮大市场主体，扶持特色旅游企业，推动优势旅游企业实施跨地区、跨行业、跨所有制，兼并重组，打造跨界融合的产业集团和产业联盟。

2. 规范旅游监管

一是按照职能分工和属地管理的原则，建立并实施网格化联动管理。各有关部门要切实做好旅游企业、重点旅游景区（点）及周边地区的社会治安、消防安全、设备设施安全、卫生防疫、紧急救援等工作。二是建立旅游急救中心和预警联动系统。制定旅游安全、消防事故紧急处理预案，落实安全、消防责任制，确保游客人身安全。三是加强旅游市场综合执法。坚持依法兴旅、依法治旅，依法严厉打击各类违法行为，积极营造诚实守信的消费环境，推进旅游服务质量提升。

（五）完善保障政策，推动旅游业提质增效

1. 完善政策，发挥政策支撑作用

一是落实相关政策。全面深化落实《国务院办公厅关于推进农村一二三产业融合发展的指导意见》（国办发〔2015〕93 号）和《关于支持旅游业发展用地政策的意见》（国土资规〔2015〕10 号），制定细化实施办法，用好用足政策。二是争取政策。积极争取全省 72 小时过境免签合作城市的政策，简化出入境旅游手续，提高通关便利。争取选址建设大理进境口岸免税店，开展高端免税商品购物旅游。

2. 加强资金支持

一是建立大理州旅游产业发展基金。由大理州人民政府主导，通过融资平台与金融机构合作建立大理州旅游产业发展基金，加大对全州旅游产业的资金

投入，完善旅游基础设施，加快推进重大旅游项目建设。二是金融机构要加大对旅游产业的支持力度。鼓励在依法合规、风险可控和符合国家产业政策的基础上，加大对企业信贷支持力度，对辖区内旅游融资和开发建设。三是总结PPP模式在大理的成功经验，逐步推广。支持企业通过政府和社会资本合作（PPP）模式投资、建设、运营旅游项目，吸引更多外来资本和社会资金。

总之，大理州要实现全域旅游发展，必须正视发展中出现的困难和问题，始终坚持以人民为中心的发展思想，贯彻落实创新、协调、绿色、开放、共享的新发展理念，做到知行合一，创新发展，实现旅游强州的目标。

民族团结

关于大理州民族团结进步创建的思考

中国社会科学院民族学与人类学研究所民族理论研究室
副主任、研究员　周竞红

民族团结进步创建具有广泛和深远的社会实践作用，在统一多民族中国也是一项关系社会生活方方面面的系统性工程。就大理州这样一个行政区域而言，常住人口民族构成多样，流动人口逐年增加，总体财政收入水平不高，大理州域内各县间经济发展不平衡显著，生态环境建设压力奇重，特别是洱海等流域治理困难多。越是在这种情况下，各民族团结进步越具有社会基础性特征。大理民族团结进步示范通过了国家民委的考核验收，前期的民族团结创建成果得到充分的肯定。显然，基于民族团结创建的特性，大理的民族团结进步创建还需持续推进。因此，大理州围绕区域发展中心工作，做好州、县级民族团结进步创建的具体项目的谋划、设计的同时，各级地方党委和政府还需要针对民族团结进步创建特性，积极采取措施，以谋求民族团结进步创建的长效。

第一，经济实力不断增强，经济生活不断改善是民族团结进步创建的物质基础。大理州山区面积比重大，基础设施建设相对滞后，经济结构调整面临困难，是区域经济社会发展的最大“短板”。在新时代中国特色社会主义建设进程中深化民族团结创建，就是应当积极推动大理州的区域经济发展，不断解决阻碍各民族群众生产生活条件改善的基础性问题。突出抓好基础设施建设、培育发展特色经济、保护发展民族文化、推进生态家园建设、加快各地民族人才培养、巩固团结和谐局面等六项重点工作在相当长的一段时间内，仍然是大理民族团结创建的基础领域和重要目标。

第二，民族团结进步教育普遍化的同时，仍需精准化和精细化。民族团结进步教育从正面宣传民族和中国共产党解决民族问题的基本知识入手，针对不同的对象组织相应的民族团结进步教育的目标，用马克思主义民族观和民族理论消除各民族间由于交往交流不充分，或受其他复杂因素影响而形成的不利于民族团结进步的思想观念和行为。要在全社会不留死角地进行民族团结进步教育，除了一般性的宣传，就应针对不同场合、利用不同平台进行有针对性的宣传，使宣传教育更有针对性，更有效率和社会效益。大理州域有2个国家级历史文化名城、6个省级历史文化名镇、7个省级历史文化名村，此外还有很多与各民族历史记忆相关的古籍文物。因此，在历史文化名城、名镇、名村和各类文物中挖掘传统历史文化资源时，就应对历史上本区域发生的民族冲突性事件有系统的研究和分析，并使其服务于公众理性认识、本区域历史文化形成过程和树立正确民族观，从而更有效地实践民族团结进步的“人文化”引领。据统计，全州2016年已建成112个文化馆、13个图书馆、602个村级文化室、543个农家书屋。相关县镇文化部门应对这些平台周边人口的民族构成和日常矛盾激化有一定的了解，也应确立相应的工作机制，明确宣传教育对象和目标，提升民族团结进步教育的精准性，这也将为民族团结进步创建“大众化”实践提供良好的支撑。

第三，建立有效的民族团结进步示范单位评估评价机制。示范单位一般都是工作基础好，且大多得到了额外的项目投入或资金支持的单位。为提升创建单位品质，就应有必要的评估和评价机制。为了体现公正性和公平性，并有利于激励机制的形成，需要针对不同类型示范单位的特征，确定不同的评价指标体系，并实施长程监督和末位淘汰制，使得创建示范单位之间形成一定的竞争机制，以激励示范单位保持持续的活力和机制，使示范更有活力，更有感召力。与此同时，大理州有本区域的研究队伍、社团组织等，可联合相关专家组建第三方评估评价机构，对示范单位建设和管理等进行深入研究，提出较为专业性的评估和评价，以推进创建的持续深化，同时为社会监督提供良好平台。

第四，项目投入应有良好的前期研究、广泛的群众动员和参与并尽可能保持项目实施的持续推动，使项目带动产生持久的效应。“五通八有”① “五好八高”② 是针对村落示范的主要项目类型，这些项目建成对民生改善会产生直接的影响，项目投入过程则需要有优良的组织实施和群众广泛参与，否则就不能保障项目产生更广泛的社会效益，不能体现各民族共同团结奋斗的特性。项目

---

① “五通八有”即通水、通电、通路、通广播电视、通信息，有安居房、有高稳产基本农田、有增收致富产业、有村内硬化道路、有乡村亮化设施、有公共卫生厕所、有垃圾收集处理池、有综合活动中心。

② “五好八高”即经济发展好、村容整洁好、民主管理好、村风民俗好、邻里和睦好，群众生活水平高、居民综合素质高、人居环境质量高、社会文明程度高、民生保障能力高、生产组织层次高、服务管理效率高、特色文化活力高。

功能的扩展和作用的发挥需要特定单位的维护，也需要持续的组织和动员。如何投入、优先投入什么项目都应当与群众协商，变协商过程为动员过程，尽可能使当地居民以不同的方式参与其中，使得相关建设投入真正回应人们最迫切的社会需要，并成为凝聚人心和进一步改善人们的生活质量示范工程，由此也可以逐步提升民族团结创建的社会化水平。

总之，观察大理州的民族团结进步创建，会很容易发现其区域历史文化、各级地方政府先导等方面的优势，但在经济实力、基础设施保障和自然环境生态等方面也有明显的短板。进入中国特色社会主义建设新时代，区域经济社会和生态建设面临着更加艰巨的任务，各民族共同团结奋斗必须成为区域各项建设的重要驱动和保障。大理的民族团结进步创建，必将在强基础、抓基层和求实效中进一步取得成就。

民族团结进步的“大理经验”及其推广建议

云南省社科院二级研究员　郭家骥

在我国，做好民族工作，增进民族团结的基本前提是坚持党的领导，全面正确贯彻落实党和国家的民族政策。在此基础上，各地又根据地方实际，创造了一些好的做法和经验，其中，民族团结进步的“云南经验”已经引起全国的关注，并得到习近平同志的肯定。云南经验也是靠全省各州市的独特经验支撑起来的。例如，曲靖市首创的“民族团结进步目标管理责任制”在全省推广，迪庆藏族自治州通过发明创造“香格里拉文化”带动藏区跨越式发展和长治久安，地处中华文化圈和东南亚傣泰文化圈交叉和边缘地带的西双版纳傣族自治州，依靠突出的繁荣发展成就在边疆脱颖而出，树立起边疆各族人民做中国人的自豪感等等。大理州能够为云南经验贡献点什么呢？经过调研分析，我认为至少可以贡献以下几条宝贵经验：

一、南诏、大理国的地区性初级统一为更高层次的全国大统一奠定基础

虽然云南从汉武帝时期起便已正式纳入中国版图，但历经两汉魏晋南北朝直至隋末唐初，中央王朝对云南的经略开拓与设治经营仍未能实现云南的统一，云南的大部分地方仍然是“部落支离”“酋领星碎”“各擅山川、不相役属”的分裂局面。这种部落林立、互不统属的状况，既不利于全国的统一，也不利于云南地方的稳定，更不符合云南各族人民的利益，因而公元8世纪中叶唐朝为抵御吐蕃扶持南诏统一云南，应该说是一种顺应时代和人民要求的必然措施。从南诏统一云南到元代实现更高层次的全国大统一这一历史进程中，我们可以清晰地理出一条在云南这种部落林立、民族众多的分裂局面下与全国实现统一的发展线索和发展步骤。这就是：

（1）乌蛮诸部从毋君长的分散状态经过兼并争战逐步形成“六诏”，即六个实行王权世袭的酋邦。

（2）南诏崛起，六诏归一，实现洱海地区的小区域统一。

(3) 乌蛮王族与白蛮贵族联合起来推动人口较多的乌蛮与白蛮两大民族集团结成联盟①，然后东平诸爨，北挫吐蕃，西开寻传，南置银生节度，最终实现云南全境的统一。

(4) 经过南诏大理国长达五个多世纪的地区性统一促进区域内经济文化的长足发展和各民族的交往融合，使得云南最终以一个统一的地方性实体融入到元代中国大一统的版图之中。

中华民族从多元族群结为统一的民族实体不是一蹴而就，而是逐步形成的，其规律是先有地区性初级统一，然后走向全国大统一。费孝通先生指出："中华民族成为一体的过程是逐步完成的。看来先是各地区分别有它凝聚中心，而各自形成了初级的统一体。比如在新石器时期在黄河中下游都有不同的文化区，这些文化区逐步融合出现汉族的前身华夏的初级统一体，当时长城外牧区还是一个以匈奴为主的统一体和华夏及后来的汉族相对峙。经过多次北方民族进入中原地区及中原地区的汉族向四方扩散，才逐渐汇合了长城内外的农牧两大统一体。"而"南北两个统一体的汇合才是中华民族作为一个民族实体进一步的完成。"②

根据云南的历史事实，我们可以对费先生的理论作一个补充：只有当南诏大理国作为一个统一的地方性实体融入元代中国大一统的版图之中，才标志着中华民族作为一个民族实体更进一步地完成。南诏从一个小部落起家，却能够逐步并六诏，平诸爨，在山河阻隔、交通不便、民族众多、经济社会发展极不平衡的条件下，最终统一云南，建立起我国西南地区历史上第一个多民族联合政权，并在北方的唐朝和西北方的吐蕃两大势力的威慑下与之灵活周旋，据地自雄近200年，同时还保持了内部的稳定，促进了云南各民族经济文化的发展。继之而起的大理国，又在倾心内向、积极学习中华民族主流文化、促进自身经济文化发展的同时，据地自雄300多年。经过南诏大理国长达五个多世纪的地区性统一促进区域内经济文化的长足发展和各民族的交往融合，最终以一个统一的地方性实体融入元代中国大一统的版图之中，这种历史进步在当时条件下是难能可贵的。因此，南诏大理国统一云南为促成元代更高层次的全国大统一发挥了重要的历史作用，也为云南各民族巩固地成为中华民族多元一体格

① 参见马曜《民族团结的颂歌》，《云南民族学院学报》1996年第1期。
② 费孝通：《中华民族多元一体格局》，《北京大学学报》1989年第4期。

局不可分割的一部分做出了重要贡献，其深远的历史影响至今犹存。

二、加强各民族的交往、交流、交融是大理州民族团结进步的历史和现实根源

大理是白族自治州，白族是全国与汉族和其他民族大规模通婚融合程度最高的民族之一。从唐代两次“天宝战争”数十万唐兵全军覆没于大理，到元明清时期中央王朝大规模地移民屯垦，再到新中国60多年来大规模的全国性人口流动，造就了大理州各民族互为邻居、互为同学、互为同事、互为朋友和互相通婚成为一家人的高度融合局面，把各民族的交往交流交融推进到了难舍难分的程度。洱源县郑家庄在自然村层面的7个民族一家亲就是其中的典型。

大家知道，云南多民族分布格局的基本特点是“大杂居、小聚居”，各民族在县、乡、村（行政村）层面已普遍杂居共处，但在自然村层面却依然保持着小聚居格局。而大理州洱源县郑家庄却在自然村层面实现了各民族杂居共处，这与大理州历史上就是滇藏茶马古道的枢纽、承载着南来北往流动人员的地理区位是分不开的。郑家庄村民小组隶属于大理州洱源县三营镇共和村。2015年，郑家庄村民小组共有125户525人，居住着汉、藏、白、傣、纳西、傈僳、彝7个民族，是一个典型的多民族杂居村。根据历史记载和口碑传说，这里曾是唐初六诏时期的施浪诏故地。元世祖忽必烈平大理时以三营为吐蕃咽喉，留军300户镇守，其中两名郑氏将领郑指挥、郑冠军便驻扎于今天郑家庄所在地，不断繁衍生息形成村落。因其建寨始祖是郑氏将领，村民以郑姓居多，故名郑家庄，其最早是一个纯汉族村寨，后来随着茶马古道上南来北往的马帮驻留，逐渐融进了一些白族、彝族、纳西族和傈僳族人。一些来自今西藏芒康、盐井和云南德钦的藏族人，历史上作为流浪“热巴”艺人，在茶马古道上以游牧、卖艺和经商为生，因与西双版纳傣族人通婚而将傣族人也带到了大理。1959年，政府取缔流动人群，就将一批游牧和卖艺的藏族人和傣族人安置到郑家庄，郑家庄原住居民张开双臂热烈欢迎。村里划出土地给他们耕种，汉族、白族群众手把手教他们农耕技术，汉、白、彝等各族群众腾出自家的房子供他们居住，3年后他们自己的房子盖好才搬出去……其他民族对自己民族的好，深深铭刻在藏族群众的心中。[①] 改革开放以来，藏族群众发挥自己

① 笔者于2015年5月赴郑家庄村调查访谈资料。

历史上善于流动和经商的传统优势，通过做药材生意而率先走上了致富路，同时带动全村大部分其他民族家庭也跟着他们做药材生意而富裕起来，形成了全村以中草药营销和种养殖业为主，宜农则农，宜商则商，农时务农，平时经商的经济发展格局，2015 年全村经济总收入 1050 万元，人均纯收入 10060 元。①

经济上的互助促进了各民族的相互依存，但文化上的共有精神家园建设，才是促进各民族深度交融的更为深沉的力量。因各民族风俗习惯不同，节日庆典各异，不同民族平时就像一家人在一起生活一样看不出什么差异，可一到节庆之日就各过各的，氛围也变得微妙起来。1995 年，一些汉族群众以中秋节这一各民族都早已自然接受的共有节日为契机，自发组织了一次规模较大的“中秋团圆饭”，邀请其他民族参与，在增进民族感情上收到良好效果。郑家庄村党支部因势利导，20 多年来坚持年年组织协调举办“中秋团圆饭”，引导外出经商的老板买牛买肉凑份子，在家种菜的提供蔬菜，种粮的提供大米，指导中青年联谊会成员负责杀牛宰羊，指导阳光文艺队负责洗菜做饭等，将平时有矛盾隔阂的群众安排在一桌，支部书记或村民小组长陪餐，在吃饭喝酒聊天中化解矛盾纠纷。② 近年来，在中秋团圆饭的成功启发下，郑家庄村进一步发展出了在各民族共同节日春节期间举行“春节百家宴”，即在每年农历正月初六，全村人回家过完年即将离家外出开始新一年的生计时，组织全体村民家家凑菜举行“百家宴”，进一步交流感情，化解矛盾。③ 现在，“中秋团圆饭”和“春节百家宴”已成为郑家庄村的一道独特风景和靓丽名片，全村外出经商者、打工者，即使远在新疆、青海都要赶回来参加，不仅本村人参加，周围村寨的人也来参加，“吃”出了各民族都是一家人的团圆，“吃”出了各民族的团结进步，成为促进各民族交往交流交融的有效载体。

三、在中华民族主流文化统领下繁荣发展各民族文化，使民族文化成为民族团结的润滑剂、催化剂、黏合剂

与各民族的高度融合相一致，大理各民族早在历史上就倾心学习中华民族的主流文化。南诏前身之大蒙国开国主细奴罗便已“劝民间读儒书，行孝、第、忠、信、礼、义、廉、耻之事”，阁罗凤“不读非圣之书”，异牟寻“颇

① 笔者于 2017 年 12 月赴郑家庄村调查访谈资料。
② 笔者于 2017 年 12 月赴郑家庄村调研访谈资料。
③ 笔者于 2015 年 5 月赴郑家庄村调研访谈资料。

知书，有才智”，使南诏形成了“人知礼乐、本唐风化”的局面。大理国继承了南诏国积极吸收中华民族主流文化的政策，加之王族本身自认为是汉族后裔，故中华民族主流文化在大理国境内得到了广泛推行。元初郭松年《大理行记》说：“其宫室楼观、言语书数以至冠婚丧祭之礼，干戈战阵之法，虽不能尽善尽美，其规模服色、动作、云为，略本于汉，自今观之，犹有故国遗风焉。”① 正是在儒家文化的浸润和习染下，大理成了远离中原的边疆民族地区的“文献名邦”，培育出了创作著名的成都武侯祠联的赵藩等一大批少数民族的儒家文化名人。今天，以社会主义核心价值观为深层内核的中华民族主流文化，正在引领着各民族文化繁荣发展。州委、州政府以社会主义核心价值观培育全州各民族的中华民族共同体意识，以各民族公认的共有节日中秋节、春节为突破口，构建中华民族共有精神家园；推进民族团结进步创建进机关、进企业、进社区、进学校、进乡镇、进宗教活动场所、进军营、进家庭“八进”活动，大力宣传党的民族政策，引导全州各族群众树立中华民族一家亲，同心共筑中国梦的意识。与此同时，各民族文化也在社会主义核心价值观的引领下不失个性地多元繁荣发展，今天的苍洱大地，随处可见各民族的民居、服饰等文化元素，随时可品尝各民族的美食，随时可欣赏各民族的歌舞乐，随时可参与各民族的节日庆典活动，形成了既有统一意志，又有各民族心情舒畅、生动活泼的文化发展局面，对民族团结进步起到了润滑剂、催化剂、黏合剂的作用，促进了各民族相知、相亲、相惜。

四、坚持“绿水青山就是金山银山”的绿色发展理念，既保护了环境，发展了经济，又增进了民族团结

人与自然的关系是人类一切社会关系的基础。民族关系作为一种重要的社会关系，无疑也要在人与自然关系影响的基础上发展。当今世界，能否在良好的生态环境中工作和生活，已成为同一区域不同国家和民族关系是否良好的试金石，大理州也不例外。以下几个案例就从正、反两方面说明了这一点。

例如，整整 20 年前，为贯彻落实党的十五大精神，省委办公厅、省委宣传部等 8 家单位组织多个调研组分赴全省各州市调研，我率领一个组赴大理

① 郭松年：《大理行记》，载方国瑜主编，徐文德、木芹纂录校订《云南史料丛刊》第 3 卷，云南大学出版社 1998 年版，第 136 页。

州，专门调研云南处于社会主义初级阶段的具体表现。调研中我们发现，不惜以牺牲环境为代价谋求经济发展，是云南处于社会主义初级阶段低层次的具体表现之一。我们在调研报告中写道：

“社会主义初级阶段以经济建设为中心，使各级干部群众很容易着眼于当前脱贫致富的需要而忽视环保工作，牺牲长远的可持续发展。大理市城市人口已达16万多，但至今没有一个污水处理厂。全州工业废水排放总量为2010.62万吨，其中有1824.76万吨未经任何处理便直接排入江河湖库，尤为严重的是云龙县境内沘江的污染。沘江属澜沧江水系，发源于怒江州兰坪县境内的羊锯山，全长约150千米，由北向南流经兰坪、云龙两县到功果桥附近汇入澜沧江，其中流经云龙123千米，流域面积1888.4平方千米，是云龙县白石、长新、果郎、宝丰和石门四乡一镇75000多人生产生活的主要水源。但自1985年兰坪铅锌矿开发以来，由于随意丢置的废渣和选矿废水只是稍加沉淀后便直接排入沘江，每年排入沘江的废水量约180万立方米，冲入沘江的尾矿和废渣约36万吨，其中所含的有害物质较多，仅重金属镉就有约360吨以上，铅达1万吨以上。据大理州环保部门对沘江上游水质近期的取样化验结果，沘江上游水质比国家规定的地表水二级标准，砷含量超过16.5倍，锌含量超过32倍，铅含量超过897.5倍，镉含量超过975.6倍，这表明污染已到了非常严重的程度。沘江污染给两岸人民的生产生活带来了严重危害，江水不能再用于农田灌溉，也不能再用于人畜饮水，这给云龙这个本来就是“大雨大灾、小雨小灾、无雨旱灾”的多灾县增加了人为的灾难，使沿江两岸7万多人的生活陷入困境之中。生态环境遭到如此严重的破坏，可持续发展自然也就无从谈起了。”①

当时，沘江污染造成了大理和怒江两州、云龙和兰坪两县关系极度紧张，在调查中，我们多次听到州县干部群众的过激言论。后来，沘江污染引起了上级领导的重视，省里和怒江州投巨资进行了多年治理，沘江流域水质明显好转，云龙县四乡一镇各族人民的生活亦明显改善，两州两县的关系也从紧张对立转变为友好合作。

又如，巍山县永建镇打竹村，历史上虽然穷但却没有去砍树卖钱，保住了大面积郁郁葱葱的核桃树和华山松，全村森林覆盖率高达80%多。近年来，随着绿色发展理念和发展方式的确立，这个贫困的彝族山村仅靠人均拥有17

---

① 郭家骥：《大理州处于社会主义初级阶段的主要表现》，《云南社会科学》1997年第6期。

亩核桃树的核桃、45 亩华山松的松子采收，2017 年的收入就达到人均 1.8 万元，农户核桃采收最低收入 3 万多元，高的收入 10 多万元，不仅迅速摆脱了贫困，还成了远近闻名的民族团结进步示范村。

再如，2017 年省委、省政府以雷霆手段推行的洱海保护行动，有效遏制了外来强势资本对洱海周边民宿旅游的垄断及其对洱海环境的破坏，为洱海周边各民族普通群众“靠海吃海”、保护洱海扫清了障碍。

五、以最大的政治决心推进扶贫攻坚，解决发展不平衡问题，是大理州民族团结进步的重要原因

大理州 1 市 11 县除大理市外都是脱贫攻坚重点县，扶贫攻坚任务艰巨繁重。大理州委、州政府顺应新时代我国社会主要矛盾的转换，牢记习近平同志“绝不让一个民族掉队”的嘱托，对标“两不愁、三保障”和“六个精准”要求，创造性地推行挂图作战、“党支部 + 龙头企业 + 贫困户”产业扶贫、兜底建房、企业挂钩帮扶贫困村和创新金融保险助力脱贫攻坚等做法，压实领导责任和工作责任，使扶贫攻坚工作取得显著成效。同时，在创建全国民族团结进步示范州的过程中，一方面，着力实施全省统一的“十县百乡千村万户”创建工程，投入资金 2 亿元，整合各类资金 5 亿元，大力推动州内民族地区加快发展，在全州先后创建了 2 个民族团结进步示范县、20 个民族团结进步示范乡镇、52 个民族团结进步示范村、9 个民族团结进步示范社区，为大理成功创建全国民族团结进步示范州奠定基础。另一方面，按照“抓样板、带中间、强帮扶”的思路，打造条件较好的 150 个样板村引领发展，集中力量帮扶条件滞后的 1225 个自然村加快发展，突出抓好基础设施建设、培育发展特色经济、保护发展民族文化、推进生态家园建设、加快民族人才培养、巩固团结和谐局面等工作，投入资金 20 多亿元，使 18 万户、70 多万各族群众受益，有力地巩固了全州民族团结进步的局面。

以上五条，就是我对民族团结进步“大理经验”的初步总结。大理经验作为云南经验的重要组成部分，具有进行大力宣传推广的重要价值，因此我建议：

第一，多渠道筹集宣传推广资金。省委宣传部掌握的宣传思想文化资金、省民族宗教委员会掌握的民族文化“双百”项目资金都是可以积极争取的。

第二，用争取到的资金“悬赏”征集反映南诏大理国倾心向内、奉中原王朝正朔、追求统一的学术研究成果、长篇文学作品和电影、电视文学剧本。我们相信，重赏或重奖之下，必有高手创作出高质量、高水平的学术成果和文艺作品。

第三，拍摄长篇电视连续剧。20 世纪 60 年代，一部电影《五朵金花》和一部武侠小说《天龙八部》曾使大理名扬四海。近年来，一部多卷本长篇历史小说《大秦帝国》和由此改编的多部长篇电视连续剧，多次掀起了陕西的访古文化旅游热潮。今天，一部和多部反映南诏大理国历史的电视连续剧，必将使大理再次名震中华，使大理民族团结进步的经验传遍全国。

巩固提升大理州民族团结进步创建成果

中共大理州委党校科研办主任　董灿明

2016 年 9 月 13 日，国家民委正式命名大理州为“全国民族团结进步创建活动示范州”，标志着大理州民族团结进步示范区建设工作取得了阶段性显著成效。当前，大理州各族干部群众正在深入学习贯彻习近平新时代中国特色社会主义思想和习近平同志考察云南考察大理重要讲话精神，攻坚克难，砥砺奋进，努力推进新时代中国特色社会主义云南新实践的大理新作为。时代是出卷人，我们是答卷人，人民是阅卷人，做好民族团结进步示范区创建的大理答卷，必须加强常态化、制度化建设，巩固提升民族团结进步创建成果。

一、完善民族团结进步创建组织领导常态化、制度化机制

（一）健全完善组织领导及协调联系机制

在大理，民族团结进步是大局，是重要的工作任务。一是要强化各级领导班子的责任，建立健全民族团结进步示范，创建“一把手工程”领导机制。各地区各部门党政主要负责人是示范区建设的第一责任人，要坚持把民族团结进步示范区建设作为“一把手工程”来抓，继续坚持并完善示范区建设“一把手工程”制度，在“一把手”的督促下完善组织协调机制。民族团结进步创建活动要纳入各级各部门领导班子和领导干部年度工作目标考核和述职报告内容，民族团结进步创建工作与经济社会发展工作同安排、同部署、同考核、同落实，围绕组织领导、经费投入、宣传教育、督促检查、典型培养等方面，进一步分解和细化各项指标，明确考核程序和时限，建立完善一套切实可行、行之有效的责任制考核办法。做到民族团结进步建设工作与其他各项重要工作同时部署、同步落实、同等重视、同期考核，成为地方党委、政府和各级领导干部长期抓落实、不断出成效的工作。二是要进一步建立健全示范区建设办公室等工作机构和相关工作制度，充分发挥示范区建设办公室等工作机构的组织协调作用。要建立完善示范区建设领导小组会议制度、示范区建设协调联系制度。

（二）建立完善共建推进机制，确保示范区建设形成合力

要建立完善领导联系推进责任制、部门分工合作责任制、资金整合投入责任制，建立完善全社会通力合作的工作格局。动员全社会和各族群众关心、支持、投入示范区建设，创新建立规划引导、政策支撑、群众作为主体参与建设的各种机制和方式，团结引领各族人民共建共享示范区，按照“逐级负责、责任到人”的原则，形成党委领导、政府负责、部门协同、全社会通力合作的示范区建设工作格局。

二、促进民族团结进步宣传教育工作常态化、制度化建设

（一）开展形式多样的民族团结进步宣传教育活动

宣传各地开展民族团结进步创建的好做法、好经验、好典型，宣传为民族团结进步事业做出突出贡献的模范集体和模范个人，使广大群众在创建活动中受到民族团结进步教育。各县市各部门各单位要紧密联系实际，积极探索新形势下民族团结进步教育的特点和规律，搭建群众便于参与、乐于参与的平台，把开展创建活动的过程变成群众自我宣传、自我教育、自我提升的过程。各级宣传、统战、教育、民宗、工会、共青团、妇联要发挥优势、密切配合、凝聚合力，努力形成齐抓共管的创建工作大宣教格局，强化民族团结进步价值观，营造各民族团结进步、社会和谐、共建美丽幸福大理的浓厚氛围。

（二）建立完善示范区建设宣传推进机制

引导各类媒体和社会各界知晓示范区建设、参与示范区建设、宣传示范区建设，多角度、多层次、多形式、多渠道广泛深入宣传示范区建设的意义、做法、成效和经验，宣传示范区建设涌现出的先进事迹和模范典型，进一步凝聚人心，营造和培育全社会共同关心、重视、支持和参与示范区建设的良好氛围和正能量，使示范区建设成为大理各族人民团结进步的绚丽旗帜，成为大理的亮丽名片。

（三）建立完善示范区建设理论与实践互动推进机制

积极组织和引导相关领域理论工作者深入调研示范区建设实践经验，不断总结提炼示范区建设理论成果，为践行中国特色解决民族问题的正确道路，提高道路自信、理论自信、制度自信、文化自信做出贡献。

三、科学有效地推进民族团结进步创建常态化、制度化建设任务

（一）加强基础设施建设

更加注重带有民族性、区域性的贫困问题，全面打赢脱贫攻坚战，解决民族地区基础设施瓶颈制约，推进公共服务均等化，持续增加民生福祉，使各族人民共享发展成果，有实实在在的获得感。

（二）培育发展民族地区特色经济

实现民族地区经济发展增速高于全州水平，加大供给侧结构性改革力度，推进传统产业改造升级，大力发展特色优势产业和特色旅游业，拓展互联网产业空间，构建对外开放新格局，增强民族地区内生发展动力。

（三）保护发展民族文化

着力提升民族文化软实力，构建民族地区现代公共文化服务体系，保护、传承和开发优秀民族文化，推进民族文化创造性转化和创新性发展，实现各民族文化交流交融和共同繁荣。

（四）推进生态家园建设

保护良好生态环境，坚定不移走生态文明发展之路，筑牢绿色生态基础。深入推进“绿色大理”建设，优化生态建设布局，严守资源环境生态红线，着力提升绿色发展水平。

（五）加快民族人才培养

推进民族教育现代化，坚持民族教育优先发展，全面提高教育质量，促进教育公平，提高各民族群众科学文化素质，提升就业创业能力和创造幸福生活的能力，促进民族教育跨越发展。建设一支信念坚定、为民服务、敢于担当、清正廉洁、数量充足、结构合理的高素质少数民族干部人才队伍，加强少数民族人力资源开发，创新少数民族人才培养工作机制。

（六）巩固团结和谐局面

坚持和完善民族区域自治制度，依法保障民族团结进步，依法管理宗教事务，推行自然村村民自治，深入开展民族团结宣传教育和民族团结进步创建活动，加强少数民族代表人士和宗教界代表人士工作。

四、加大力度落实民族团结进步创建常态化督查机制

（一）完善民族团结进步建设考核制度

把民族团结进步创建任务实施完成情况作为全州综合考核的重要内容之一，作为州级单位、县市党政领导班子和县市委书记履职考核的重要依据，严格考核，严格奖惩。州示范区建设领导小组办公室负责规划年度目标任务考核指标的制定、检查和考核，州级单位和县市党委、政府要结合本系统、本县市实际，制定具体考核措施，层层传导压力，层层压实责任。

（二）建立完善督促检查制度

州委、州政府督查室每年对各部门、各县市规划任务落实和实施情况进行上半年和全年两次督查。每年一考评，五年总考核，确保示范区建设规划全面完成。进一步健全督查制度，广泛采用专项检查、重点抽查等方式，定期组织检查考核，推进督查工作的制度化、规范化、常态化。各级人大、政协适时组织人大代表、政协委员就民族团结进步创建工作进行专项视察和调研，提出意见、建议。同时要坚持经常性检查和抽查相结合，以经常性检查为主的原则，通过督促检查，逐步规范对示范区建设工作的管理，促进示范区建设工作的发展。各县市要结合实际，不断完善督促检查机制，狠抓各项工作落实，努力实现督促检查的经常化、动态化、精细化。

五、以考核激励助推民族团结进步示范创建管理常态化、制度化

（一）制定和落实激励表彰机制

每年考核命名一批民族团结进步创建活动“示范单位”，每四年召开一次民族团结进步“模范单位”和“模范个人”命名大会，并予以表扬激励。不断完善民族团结进步先进县（市）、乡（镇）、村（社区）、单位的评选标准，定期集中表彰创建活动中涌现出的先进典型，根据完成情况对县（市）和州级部门给予奖惩。对示范区建设工作开展得好、绩效管理规范、示范作用发挥得好的县、乡、村，在分配各级少数民族发展资金和少数民族社会事业发展专项资金时，要给予倾斜支持。

（二）建立健全动态管理机制

把创建民族团结进步示范单位作为创建文明城市、文明行业、文明单位的重要内容，按照“严格标准、规范程序、动态管理、注重平时”的原则，切

实加强对申报单位的考核，严把入口关。通过示范带动、文明推动、上下联动的方法，加强分类指导，延伸创建领域，提升创建水平。对已命名民族团结进步“示范单位”实行动态管理，三年一复验，按照民族团结进步“示范单位”命名标准，届满后由同级创建办进行复验，复验不合格的，同级创建活动领导小组对有关单位的主要领导进行谈话，责令限期整改，经整改复验仍不合格的，取消其荣誉称号。因推荐时弄虚作假、违法违纪等问题造成恶劣影响的，按规定追究责任外，撤销其荣誉称号。

中心城市

壮大区域中心城市 加快融入“一带一路”

复旦大学中国发展研究院副院长、教授、博导 周 文

2017年12月6~9日，笔者受邀专门从上海飞赴大理，参加“云南社科专家大理行”，现在活动圆满结束。四天时间我们重点调研了洱源县、巍山县。这两个县的共同点为：第一，干部好，敢作为。从乡至县，我们的干部在经济发展、民族团结、环境保护上敢担当、敢创新、敢尝试，是大理经济社会发展的坚实脊梁。第二，县域经济受制于发展瓶颈。洱源县自然风光秀美，处在洱海上游，水源保护使其发展受限。巍山县历史文化悠久，旅游资源丰富，但交通滞后，跟不上发展所需。将这两个地区的问题联系大理发展的实际，我想谈三个方面。

一、壮大区域中心城市

区域中心城市是在经济上有重要地位、在政治和文化生活中起关键作用的城市。区域中心不只是地理位置中心，更主要是经济中心、产业中心。产业辐射有多大，区域中心才会有多大。从现状来看，大理作为滇西中心城市地位不够扎实。在经济上，大理没有形成足够高的势差，辐射带动能力有限。如人均GDP低于全省，略高于周边的保山、丽江地区，城镇化率指标也不理想。在交通上，大理是重要的枢纽，但旅游目的地的“身份”没有得到肯定。现代交通的特点是便利、快捷，即“快交通”“大交通”。便捷的交通会增加旅客流量，但是否会增加当地旅游收入，还要看游客是“过路”，还是“过夜”。大理的弱项和短板是产业，缺乏支柱性产业，缺乏中心产业支撑。现在情况是，产品多，品牌杂；产品的产业化、规模化、集群化不够。另外，大理的产业特色也不明显，优势不突出，竞争力不强。

大理要捍卫滇西中心城市的地位，就要进一步发展好经济（聚财），集聚好人气（聚气），打造好文化牌（聚神）。

聚财，就是要发展好经济，要以产业为突破口。产业是城市发展的物质基

础和动力源泉，在城市发展中起着决定性作用。大理需要将资源优势和环境保护结合起来，在优选产业基础上打造完整的上下游产业链，提升配套服务水平。在招商问题上，要突破等待国内发达地区产业转移的传统思维，可以向全球招商。大理有绿水青山，这是吸引全球企业的名片。大理要发挥好自身的特点，充分挖掘优势。在融入大局、服务大局、保障大局中找准切入点、突破口。发展方向是15个字：高起点谋划、集群化布局、组团式发展。具体举措是，按十九大提出的建设现代经济体系要求：一是建设现代产业体系，实体经济、科技创新、现代金融、人力资源协同发展；二是互联网、大数据、人工智能和实体经济深度融合；三是充分利用国家对大理发展的扶持，用足用好用活国家政策，将现有资源优势转化为发展，以大的胆略谋划产业，大胆对接高校技术支持，比如设立工作站，实行驻院研究员制度，有针对性地开展技术项目攻关和技术扶持。设立发展战略基金，政府、社会、资本市场支持产业发展。目标定位：大理不仅是云南的大理，更是全国的大理，世界的大理。我们不但要有信心讲好旅游的大理故事，更要敢于讲好产业的大理故事、产品的大理故事。不但让大理的风景令人向往，更要使大理产业为世界关注，大理产品行销世界。

聚人，就是要让人才涌进来，让游客留下来。秉持“不求所有，但求所用”的原则，鼓励人才“大理漂”。大理可以大胆对接高校技术支持，通过设立工作站，实行驻院研究员制度，有针对性地开展技术项目攻关和技术扶持。在“截流”游客这个问题上，大理要结合洱海的水倡导“慢文化”，结合大理历史，倡导“古文化”，让游客慢下来、住下来。通过建设环洱海绿道，开展洱海夜游、古城夜游，结合新媒体等现代传播模式，提升大理旅游的全球影响力。

聚神，就是要把文化特色亮出来，把碎片化的资源归集起来。大理生态保护的使命使得大理旅游要选择深度游、高端游，体现大理的“慢文化”特质。要让旅游产品和服务供给与游客的需求有效对接起来。有人说大理旅游被周边地区“盖住了”，这个说法不准确。大理不是被盖住了，而是没有“亮起来”。大理不仅是云南的大理，更是全国的大理，世界的大理。我们不但要有信心讲好旅游的大理故事，更要敢于讲好产业的大理故事、产品的大理故事。

二、发展县域经济，立足乡村振兴

大理县域经济中，农村经济占比较大，这一点与国内许多地区不同。也正因此，发展好农村经济对提振大理县域经济、顺利完成脱贫攻坚任务具有重要意义。从调研来看，大理农村经济发展面临两大问题：一是缺人。青壮年农民都出去打工了，提高农业生产率需要的实用人才不足。二是缺钱。有的地方为了环境保护，暂停了种植经济、旅游经济；有的地方仍是传统的一家一户式发展，没有利用好本地资源实现产业化，缺乏集体经济支撑。

因此，在乡村经济振兴这个问题上，大理有两个突破口：一是在发展中强保护，在保护中求发展。保护与发展并不是一对矛盾体。现实冲突多是因为技术落后以及制度设计不合理造成的。要权衡好发展与环保的关系。不能因为环保让人民生活质量下降，也不能让保护的成本由实施保护的地区和群体来独自承担。因此，在建立健全生态保护补偿机制的同时，大理也要调整发展思路，力争通过制度创新和技术引进，在发展中实现生态保护。只有经济发展好了，才有能力、有信心实现生态保护。二是乡村振兴要从集体经济入手。可以学习塘约经验，通过成立村党总支引领、村集体所有的合作社，把过去分散的、单打独斗的群众有效组织起来，以集体经济带动乡村抱团发展，克服农村缺人的问题。通过产业化、规模化创造更大的经济价值，帮助贫困户持续增收，脱贫致富。

三、加快融入“一带一路”

融入“一带一路”，大理具有区位优势，这一点不容置疑。结合各地经验和大理资源，我认为可从四点切入：一是“道路联通”，也就是我们说的道路通、设施通。以“道路融通”带动产品、服务向“一带一路”沿线国家流通。二是“文化融通”。大理有得天独厚的旅游资源和优势，空间很大，舞台很大。大理要把各种文化资源有效地链接起来，形成文化名片，扩大大理文化的全球影响力，夯实“文化名城”的地位。三是“民族沟通”。大理有很好的各民族融合发展的实例、案例，在民族融合上有先进的经验。民族融合也是“一带一路”的核心内涵。“一带一路”沿线有60多个国家，民族融合是难点。大理民族团结和谐，为世界提供了很好的样本，提供了很好的借鉴和经验。我们可以提炼大理经验和大理方案，将其上升为国家的高度。通过讲好民族融合的故事，向世界推介大理。欢迎世界各国到大理学习民族融合的经验，欢迎全球学者来大理调查研究，以“融合文化”切入“一带一路”。四是“产业融合”。以项目为中心，与“一带一路”沿线国家企业建立合作关系，通过技术输出、人才输出、产品输出、服务输出等带动产业互补、共进。

最后，我想讲讲大理的干部。我们知道预期对经济发展非常重要。这次调研让我认识了大理的干部——他们勤奋敬业、积极有为、充满正能量，既是人民群众的好朋友，又是经济社会发展的主力军。今天大理全方位的、开创性的，也是历史性的、根本性的变化里有我们干部付出的艰辛和努力。正是这群有家国情怀的干部为大理的未来铺垫了良好的预期，大理的经济一定会越来越好。

大理建设滇西中心城市问题及对策分析

云南大学建筑与规划学院副院长、教授　王培茗

大理作为滇西七地州的交通枢纽，在唐代到宋代五百年间作为云南省的政治、经济、文化中心，曾作为五个政权的“国都”，历史文化底蕴深厚，当前也是国家“一带一路”建设的关键性节点。从生态环境和景观上看，大理地处风景如画却又生态环境脆弱的苍山洱海地区。大理城市发展面临诸多机遇，也面临众多挑战。随着大理进行滇西中心城市规划建设的开展，分析其面临的机遇与挑战，找出合适的发展道路尤为重要。

一、大理市的现状特点和面临的挑战

（一）滇西交通枢纽的地位正在下降

大理市地处滇西地区，为云贵高原与横断山脉结合部位。滇西地区的地势以南北向的高山峡谷为主，有怒江、澜沧江、金沙江等大江穿流，还有高黎贡山、碧罗雪山、白茫雪山、玉龙雪山、点苍山等山峰纵列。受高山峡谷及大江大河限制，滇西地区与外界沟通极为不便。而地处滇西纵谷区与相对较平坦的杨子准地台交接部位的大理就成为滇西六个地州联系滇东乃至中原的交通枢纽，同时也是中原地区出西南的咽喉要地。历史上无论是滇西北的迪庆、丽江、怒江，还是滇西南的德宏、保山、临沧均需通过大理方能进入滇东乃至中原地区。历史上我国从西南地区联系南亚、东南亚的“南方丝绸之路”“蜀身毒道”均经过大理，抗战时修建的滇缅公路，新中国成立后我国重要的国道320国道、214国道也均经过大理，优越的交通地理位置使大理工商业、物流等产业发达，是云南省重要的交通枢纽和中心城市之一。

然而，近年来大理的交通枢纽地位面临着越来越大的挑战。1996年大丽二级公路的建成通车曾严重影响到大理旅游业的发展，本来需要在大理停留的游客可以2个多小时就到达丽江，大量观光游的旅游团由于交通的便捷而省去了在大理的住宿，本应成为重要旅游目的地的苍山洱海景区被弱化、简化，众

多景点被忽略。剑川石宝山、洱源茈碧湖等重要景区也被甩开，远离交通要道，成为孤立的景区，加之宣传不够，曾经的旅游胜地大理被简化为苍洱一日游，这不能不说是交通之殇。广（通）大（理）铁路的通车，出入滇西的物资不需要从广通中转，让热闹繁华的广通镇衰落。交通可以兴一座城市，也可以毁一座城市。随着大保高速、大丽高速等高速公路以及大丽铁路、大保铁路的相继通车，内地与滇西边疆甚至境外的物流人流无须在大理停留，大理的交通枢纽地位下降，甚至可能导致大理滇西 7 地州贸易中转中心的地位不复存在。因此说，未来发达的交通网络建设对曾经的交通枢纽城市大理肯定是个严峻的挑战。

（二）深厚的历史文化资源受到漠视

洱海流域是云南最早的文化发祥地之一，据考古发掘，新石器时代遗址广泛分布在以洱海周边区域。西汉元封二年（公元前 109 年）在大理地区设叶榆县，直至南北朝叶榆县的建制一直未变。唐初，洱海地区“六诏”中的蒙舍诏势力渐强，在唐朝支持下，于唐开元二十六年（738 年）统一“六诏”，建立南诏国。开元二十七年（739 年）南诏国都城由巍山迁至太和城（今大理苍山太和村附近），此后又迁都羊苴咩城（今大理古城城西一带）。南诏与以后建立的三个王朝及大理国都城均定都于羊苴咩城。从公元 8 ~ 13 世纪的唐宋五百多年间（即从公元 738 年南诏国建立至公元 1253 年大理国覆灭），大理一直是云南的政治、经济、文化中心，南诏、大理国的都城所在地疆域覆盖今中国云南、贵州、四川西南部，以及缅甸、老挝、越南北部部分地区，推动了这一区域经济文化的迅速发展。元代大理国灭亡后，仍然将云南政治中心设于大理。元至元十一年（1274 年）建立云南行省，行政中心始由大理迁至昆明，但大理仍为滇西第一大城。明洪武十五年（1382 年），明军攻占大理，大理路改为大理府，仍治太和县，并筑新的府城，即大理古城。到现在，在大理古城及洱海周边区域仍保留了各个时期众多的历史文物古迹，如南诏德化碑、羊苴咩城遗址、崇圣寺三塔、杜文秀帅府等，1982 年大理古城被列为我国首批 24 个历史文化名城之一。

太和城、羊苴咩城在长达 500 年的时间里，历经“五朝”，作为“国都”，经济繁荣，文化发展，无论是物质文化遗产还是非物质文化遗产留存众多，这是一笔非常宝贵的财富，也是云南省其他城市无法比拟的。然而，目前无论是旅游业也好，文化产业也好，大理都是主打少数民族牌、自然风光牌，对历史文化的重视程度远远不够。

（三）优质的生态环境景观遭到破坏

洱海，古称昆明池、洱河、叶榆泽等。因其状似人耳，故名洱海。洱海属澜沧江水系，北有茈碧湖、东湖、西湖，分别经弥苴河、罗时江、永安江流入洱海，是洱海的主要水源；西有苍山十八溪汇集苍山东坡集水区；南有波罗江、金星河；东岸有凤尾箐、玉龙河等数十条大小集水沟渠，总径流面积2565 平方千米，入湖河道沟渠 117 条，洱海水从西洱河流出，流合漾濞江，汇入澜沧江，注入太平洋。洱海一般湖水面积约246 平方千米，蓄水量约29. 5 亿立方米，呈狭长形，南北长40 千米，是仅次于滇池的云南第二大湖，在中国淡水湖中居第7 位。洱海西面有点苍山横列如屏，东面有玉案山环绕衬托，空间环境优美。点苍山，是云岭山脉南端的主峰，由十九座山峰由北而南组成，这十九座山峰，巍峨雄壮，海拔一般均在3500 米以上，山顶白雪皑皑，银妆素裹，有七座山峰海拔高达4000 米以上，最高的马龙峰海拔 4122 米。苍山十九峰每两峰之间都有一条溪水奔泻而下，流入洱海，这就是著名的十八溪。古人有诗云："水光万顷开天镜，山色四时环翠屏""苍山雪，洱海月，洱海月照苍山雪"。玉洱银苍、风花雪月的大理不仅有着如画的美景，更有着优质的自然生态环境。1981 年经云南省人民政府批准建立苍山洱海自然保护区，1994 年晋升为国家级，主要保护对象为高原淡水湖泊及水生动植物、南北动植物过渡带自然景观、冰川遗迹，面积 79700 公顷。

然而，由于洱海周边是云南九大高原湖泊中人口密度最大的区域之一，有80 万人一直饮用洱海水。曾在1996 年和2003 年两次暴发蓝藻。随着城市建设的发展，特别是凤仪、大理行政中心、海东等城市新片区的加入，苍山脚下大面积的房地产开发，城市建设对洱海形成了合围之势，在苍山与洱海之间形成屏障，苍山与洱海之间不再是良田万顷，村落星点。若不能进行良好控制，不仅玉洱银苍的美景不复存在，洱海生态环境也将遭到毁灭性破坏。

（四）传统产业发展模式受到挑战

由于技术、人才、运输等条件限制，历史上大理市的工业生产就不够发达，而是凭借其优越的交通地理位置和丰富的旅游资源成为商贸旅游产业为主导产业的城市。从 2016 年云南省的国民生产总值看，大理州排在全省十六个地州中的第五位，而人均国民生产总值仅排第八位，低于云南省的平均水平。从产业结构上看，第三产业排第一位，占比 40. 64%，第二产业略低于第三产业，占比38.28%。从第二产业内部看，烟草制品、建材等产业仍占大头，农副产品加工、食品等产业也占有一定份额。与云南省的传统工业城市昆明、曲靖、玉溪等差距还较大。从第三产业内部看，历史上的主要支撑产业——旅游业由于受到丽江、香格里拉、腾冲等后起旅游热点区域的激烈竞争，地位也有所下降，虽然近年海东旅游的开发带来了一定的复苏，但总体还是观光游和旅游房地产业成为主体。缺乏吸引人的旅游产品，旅游服务也不尽如人意，仍停留在传统吃住观为主，缺乏深度游产品。

随着经济全球化的发展，各城市都面临着产业的升级换代的压力，若大理固守传统的产业模式，继续走资源密集型、劳动力密集型产业的道路，将在未来的竞争中处于劣势地位。

（五）中心城市周边缺乏实力雄厚、联系便捷的次级中心城市

虽然洱海周边区域城镇及乡村较为发达，有大理、喜洲、凤仪等城镇和一系列的环洱海富裕的城镇和乡村，环洱海区域气候适宜，农业生产发达，交通联系也非常便捷，很容易形成一体化的城市。然而，由于地理条件的限制，大理市与州内各县城联系均需翻山越岭，到最近的巍山县城也超过一小时车程，且州内各县城规模普遍规模较小，除祥云外，普遍在10万人以下，第二、三产业基本处于初级发展阶段，大部分为农产品初级加工，以及矿产资源的开采和初级加工，即使旅游资源较好的宾川、巍山、剑川也由于种种原因，开发利用程度很低，基本还未形成产业，甚至一些县目前还是贫困县。本就不强大的中心城市，很难带动这些县城以城镇群体的状态带动全州经济的发展。

二、对策与思考

（一）加快自身第二、三产业的升级与创新，挖掘历史文化资源和促进科研创新能力

大理作为地处西部山区的中心城市，产业传统且不够发达，人才技术匮乏，加之云南省快速建设的交通网络正在削弱其交通枢纽地位，大理若要成为西部地区具有影响力的中心城市，实现弯道超车，必须实现产业的升级换代，走产业创新的道路。

从第二产业发展结构看，应逐步压缩传统产业的比例，尤其是资源密集型和劳动力密集型的产业，如食品、建材、冶金等传统工业，利用享誉海内外的生活环境优势吸引人才和引进新技术，设立创新产业园区，大力发展新兴技术

密集型、人才密集型产业，如电子、信息、新能源、新材料等，提高每平方千米产业园区的产值。从第三产业看，目前占主导的旅游产业产品较为单一，观光游还是占大头，度假产品单一。应逐步压缩观光游的数量，即使是观光游也应重新设计观光路线，作为云南省历史最悠久的城市之一，应打好历史牌、文化牌，增加历史文化旅游的内容，让南诏文化、大理文化重新走进人们的记忆。还应打造优质的度假旅游产品，针对不同的旅游度假群体设计不同的旅游产品，如，针对老年群体的养老、医疗度假产品，针对中年成功人士的放松身心度假产品，针对年轻父母的亲子体验游，针对年轻人的探险游、情侣游。多层次、多种类的旅游产品改变人们对大理旅游留下的刻板印象。除旅游业外，还应从创新上做文章，做好自主科研创新产业和现代服务业，促进大理大学等一批教育科研机构的科研创新能力，打造科教产业，使其具有足够的自主科研创新能力，并能孵化成为新型产业，在文创产业方面要组织专家学者深入挖掘大理历史文化、民族文化的精髓，打造出一批具有影响力的文创产品，使大理再现云南文化之都的魅力。

（二）加强洱海周边环线交通网络的建设，形成环洱海一体化的城镇组群，同时必须严格控制城镇空间增长边界，防止城镇蔓延式发展

根据大理滇西中心城市规划，环洱海将建成高速交通环线系统，这一举措将使目前分散的下关、大理、凤仪、海东等一系列城镇连为一体，原来弱小的单个城镇组成为较强大的组群城市，实现同城化，各片区功能可以进行重组，避免同质化竞争，实现产业联动。然而必须引起注意的是，在同城化发展的同时更要避免城市的无序蔓延，尤其是避免各城连为一体，破坏苍山洱海环境景观。对于洱海景观应进行深入研究，请高水平的专业团队对苍山、洱海、城市、田园景观进行深入研究，分析城市的开发边界和开发强度对苍洱环境景观的影响，对城市建设边界线、轮廓、视廊、天际线进行科学设计，确定城市空间增长的平面和竖向边界，把对苍洱自然景观的干扰降至最低，让子孙后代也能看到玉洱银苍的美景。

由于大理与周边县城联系较为困难，可采取分两步走的方式，近期通过高速通道建设加强与祥云、洱源、巍山的关系，使之加强与中心城市的联系，形成产业联动，尤其是祥云的工业产业、巍山的旅游产业、洱源的生态产业都能成为大理中心城市的有力产业补充。远期逐步加强与外围县城的联系，实现州域内的产业联动同城化发展。

（三）保护苍山、洱海的自然生态环境，实现大理的可持续发展

“洱海清则大理兴”，碧波荡漾的洱海，祥云缭绕的苍山是大理兴旺发达的根本。习近平同志在视察大理时曾指出：“云南有很好的生态环境，一定要珍惜，不能在我们手里受到破坏。”习近平同志也指出：“我们既要绿水青山，也要金山银山。宁要绿水青山，不要金山银山，而且绿水青山就是金山银山。”对于湖泊、山脉来说，她们不仅是景观，更是人居环境的基底，若人居环境不断蔓延、连片，将使生态廊道被侵占，绿色斑块变得破碎，生态恢复能力下降，甚至造成不可逆的破坏，反过来影响人居环境的质量。因此，保护生态环境就是保护我们赖以生存的人居环境。保护苍山洱海的生态环境，意味着需要保护洱海的湿地资源，保护入洱海河流的水质，保护洱海周边的绿色农业基地，保护苍山的垂直地带分布，保护苍山与洱海的生态廊道，保护苍山的面山植被，避免城市热岛效应对苍山雪的影响。目前大理市、洱源县已经做了一系列的工作，尤其是洱海上游的生态湿地项目，取得了良好的效果。然而，由于目前生态环保项目的出资主体仍然是政府，从长远看，这是不可持续的，而且保护的目标和类型都比较简单。要保护苍山洱海的生态环境，大理还有很长的路要走，甚至意味着必须牺牲一定的发展为代价。因此，大理必须摆脱传统的发展之路，走出一条新型生态城市的发展之路。

三、结　语

大理建设滇西中心城市建设面临着交通枢纽和物资集散中心地位下降、历史文化受到漠视、生态环境质量和景观质量下降、传统产业受到挑战、城镇联系薄弱等一系列问题。若要建设发展大理，使之成为滇西中心城市，则必须加快自身第二、三产业的升级换代与创新；挖掘历史文化资源和促进科研创新能力；加强洱海周边环线交通网络的建设，形成环洱海一体化的城镇组群；同时必须严格控制城镇空间增长边界，防止城镇蔓延式发展；保护苍山、洱海的自然生态环境，实现大理的可持续发展。

宣传报道

“云南社科专家大理行”调研咨询活动启动

大理日报记者　陈　耀

昨日上午，“云南社科专家大理行”调研咨询活动专家见面会在大理举行，来自省内外的41名社科专家、学者齐聚大理，为推动我州绿色发展、共享发展、跨越发展把脉问诊、出谋划策、献计出力。

州委书记陈坚出席见面会并致辞，省社科联党组书记、主席、研究员张瑞才出席并讲话。

陈坚指出，当前，大理发展站在了新的历史起点上，开启了新时代中国特色社会主义建设的新征程。大理作为欠发达地区，党的十九大关于社会主要矛盾的新论断，为大理带来了更加难得的新发展机遇。大理州将深入学习贯彻党的十九大精神、习近平新时代中国特色社会主义思想和习近平同志对云南对大理重要讲话精神，全面加强洱海保护治理，全面推进脱贫攻坚，全面加快大理产业发展转型升级，努力把大理建设成为生态文明的标兵、民族团结进步的典范、世界级旅游康体休闲度假胜地、滇西中心城市和“一带一路”的重要支点，在全省争先进位的发展态势中奋力开创大理绿色发展共享发展跨越发展新局面。

陈坚强调，“云南社科专家基层行”是云南社科界一个响当当的调研咨询品牌工程。这次“云南社科专家大理行”活动涉及洱海保护治理、脱贫攻坚、旅游转型升级、生态文明建设、民族团结进步、高原特色农业产业、滇西中心城市建设、党的建设8个专题，具有较强的广泛性和针对性。希望各位专家学者充分发挥社科专家服务经济社会和党委政府决策的智库作用和功能，为大理的发展把脉问诊，为大理州委、州政府的科学决策提供重要参考。对各位专家的意见建议大理州将认真学习，充分吸纳运用，科学指导大理实践，以实际行动推动大理绿色发展、共享发展、跨越发展，为谱写好云南跨越发展新篇章大理章节献计出力。

张瑞才就开展本次活动的目的、意义作了深刻的阐述，并提出了四个要求。一是要坚持政治导向。始终坚持马克思主义对哲学社科学科的指导，深化对党的十九大精神，尤其是习近平新时代中国特色社会主义思想的领会，用习近平新时代中国特色社会主义思想来指导此次调研咨询活动。二是坚持问题导向。找准大理在中国特色社会主义进入新时代的特定背景下制约经济社会发展的关键问题和核心问题，围绕社会主要矛盾，把握人民群众需求的变化，深入研究，深化对大理州情的认识，把大理在实践中创造的经验进行有效提升，为大理的经济社会发展把脉问诊。三是坚持理论联系实际的学风，做到“吃透两头，顶天立地”。要全面把握所研究领域的基础理论和前沿核心思想，虚心向当地干部群众学习，把当地干部群众的实践经验提炼总结成理论经验。同时，要把所研究领域当中最前沿、最核心、最具创新性的知识与大理的实际结合起来，提出对大理具有实践意义、行之有效的决策咨询意见。四是秉持以人民群众为中心的研究导向，立足人民群众最迫切需要解决的重大实践问题和理论问题，作为本次活动的理论根基，提出好的意见和建议，为大理的经济社会发展提供理论和知识支持。

“云南社科专家大理行”调研咨询活动由省委宣传部、省社科联与大理州委、州政府共同主办，在为期5天的活动中，专家、学者们将分组深入我州的大理市、洱源县、巍山县、祥云县、宾川县，通过调研和座谈等方式，围绕我州的经济、社会、生态等重大课题进行调研，为大理经济社会发展建言献策，发挥智力助推作用。

州委常委、州委宣传部部长彭斌主持见面会。

中宣部全国宣传干部学院教研部副主任、研究员秦强，中国社会科学院民族学与人类学研究所民族理论研究室副主任、研究员周竟红，州委常委、州委秘书长靳汝柏，州人大常委会副主任许映苏，州政府副州长郭春鸣，州政协副主席张松等出席会议。

“云南社科专家大理行”调研咨询活动开展

云南日报记者　王大林

5日至9日，省委宣传部、省社科联和大理白族自治州委、州政府、州社科联共同组织开展了“云南社科专家大理行”调研咨询活动。

41名省内外社科专家就深入学习贯彻党的十九大精神，推进新时代条件下的全面建成小康社会、民族团结进步示范区建设、生态文明建设、高原特色农业建设和基层党的建设等重大理论和实践问题，分两个组对大理市、祥云县、宾川县、巍山彝族回族自治县、洱源县的工业园区、农业庄园、脱贫攻坚工作、洱海保护、民族团结进步示范村、爱国主义教育基地、社科普及示范基地等进行考察调研，开展座谈交流。

社科专家从城区管网改造、农田湖面治理、环湖截污工程；拓宽资金筹集渠道、创作文学作品、拍摄影视剧；推进产业扶贫、易地搬迁、尊重农业自身发展规律、加强典型示范；健全制度体系、树立法规权威、划定环境人口容量、建立国家公园和提高科技研发实力；着力提高政治站位、提高党建工作质量和突出全面从严治党新要求等多个方面，为大理洱海保护、推广民族团结的“大理经验”、脱贫攻坚工作、生态文明建设和基层党的建设提出了具有针对性、指导性和可操作性的意见建议，并将形成进一步的决策咨询研究成果。

调研基层出良策

——“云南社科专家大理行”成果简述

云南日报记者　王大林

正确的决策离不开调查研究，正确的贯彻落实同样也离不开调查研究。在党的十九届一中全会上，习近平同志强调要在全党大兴调查研究之风。从2003年起，省委宣传部与省社科联一直坚持组织社科专家深入基层开展调研咨询活动，为地方经济社会发展出谋划策。上月，为了促进党的十九大精神在州市基层的贯彻落实，省委宣传部、省社科联和大理白族自治州委、州政府、州社科联共同组织开展了“云南社科专家大理行”调研咨询活动。41名省内外社科专家就深入学习贯彻党的十九大精神，推进新时代条件下大理白族自治州全面建成小康社会、民族团结进步示范区建设、生态文明建设、高原特色农业建设和基层党的建设等重大理论和实践问题，分两个组对大理市、祥云县、宾川县、巍山彝族回族自治县、洱源县进行考察调研，开展座谈交流。

党的十九大在对决胜全面建成小康社会，开启全面建设社会主义现代化国家新征程作出全面部署时，首先就明确了要贯彻新发展理念，建设现代化经济体系，深化供给侧结构性改革，加快建设创新型国家，实施乡村振兴战略，实施区域协调发展战略，加快完善社会主义市场经济体制，推动形成全面开放新格局，努力实现更高质量、更有效率、更加公平、更可持续的发展。县域经济的发展是建设现代化经济体系的内在要求，如何振兴县域经济？县域经济如何发展？县域经济的支撑点在哪里？复旦大学教授周文认为，云南实现乡村振兴和区域协调发展的支撑点在乡村经济、集体经济。大理州的村镇应发挥组织作用，通过建立合作社、成立旅游公司等来发展集体经济。一方面，鼓励有能力、有水平、愿意单干的人去单干；另一方面，让大多数人以入股来参加集体经济，以集体致富来实现保护。从长远角度来看，振兴乡村经济必须发挥集体经济的作用，把眼光放到农村自身的发展上来。区域经济发展的关键是方向要对，理念要对。政府在选对产业以后，要持之以恒地做，不能两三年就变一次，这样才能获得老百姓的支持和信任。

党的十九大把深入开展脱贫攻坚作为新时代坚持和发展中国特色社会主义的基本方略中“坚持在发展中保障和改善民生”的重要内容，并把精准脱贫作为全面建成小康社会决胜期必须坚决打好的三大攻坚战之一。针对大理州脱贫攻坚工作存在的困难和短板，云南农业大学经济管理学院副教授李皎在查阅有关精准扶贫精准脱贫材料、深入调研易地搬迁扶贫点和农业产业扶贫点的基础上，提出自己的思考和意见建议。一是完善以政府为主导、多元化的投资体系，加大财政对农村基础设施建设的投资力度，引导农村集体、农民、企业及社会资金投资。二是做好村民（贫困户和随迁户）工作，建立村民对政府的认同感，提高村民的职业技能和谋生能力，重视文化生活，注重村民生存与自我发展的可持续生计问题。三是转变贫困户的观念，提升贫困主体的发展基础，发展脱贫引路典范，尊重群众意愿能力，从教育、产业、社会保障等方面，确保群众脱贫。四是整合各级督查力量，合署督查，减少督查的规模与频次，让乡镇干部有更多的时间深入村寨、农户开展工作。五是提高扶贫干部在精准扶贫工作中调动和整合资源的权力与能力，适当提高基层扶贫干部的相关福利待遇和政策支持力度，重视扶贫干部反映的问题，并及时高效地帮助其解决面临的困难。

坚持人与自然和谐共生，加快生态文明体制改革，建设美丽中国，是党的十九大明确的新时代坚持和发展中国特色社会主义基本方略之一和重要部署。云南大学教授周鸿认为，要用生态文化构建生态文明，既要建设生态物质文明，也要建设生态精神文明，更要建设生态政治文明。云南大学生态研究所教授欧晓昆更为具体地提出：一要通过多规合一，统一土地利用，资源综合利用，实现空间管控；二要以生态保护红线、环境质量底线、资源利用上线和环境准入负面清单为手段，强化空间、总量、产业准入的环境管理，划框子、定规则、查落实、强基础。省林科院研究员杨文忠认为，要加大各县市生态文明建设的力度；促进核桃产业的精细化和品牌化管理；引进科技支撑力量，加速面山绿化美化；结合滇西中心城市建设，构建包含精神、制度和物质三个层面对生态文化体系。针对洱海保护，中国环境科学院研究员储昭升就大理深入实施洱海保护治理七大行动，进一步提出，一要持续加强对老城区管网改造强度，强化雨期管网污水溢流控制。在古城片区可以采取疏畅大理至下关污水干管，排查、改造、完善古城片区截污管网，建立分片、节点污水管网管理信息，科学管理。在下关北片区和凤仪片区开展污水管网全面错接、漏接、破损、渗漏排查，纠正错接、漏接管网，加快未纳污水的收集。二要加强农田面源污染治理，突破治理新思路，强化农田区块化管理，特别是海西片区，按汇水分区逐个控制。三要加强对环湖截污工程一期、二期的质量监控，保障工程效益。省人大常委会环境与资源保护工作委员会法规处处长朱江则从法治的视角提出要树立大理州洱海保护管理条例的权威性。

新时代要求把基层党组织建设成为宣传党的主张、贯彻党的决定、领导基层治理、团结动员群众、推动改革发展的坚强战斗堡垒。中宣部全国宣传干部学院教研部副主任秦强在座谈交流中说，要立足大理州现有的丰富红色资源和党建扶贫双推进模式等有效举措，坚持党对一切工作的领导，把党的建设贯穿落实到各项工作中，注重党建方式方法的创新，积极打造基层宣讲名片，将党建工作追求“数量”转为“质量”提升，主要可以从提高“三会一课”质量、创新基层组织设置和活动方式、加强基层党组织带头人队伍建设、扩大基层党组织覆盖面来提高党的建设工作质量。

此次坚持问题导向、体现社科专家学者强烈的责任意识和使命意识的调研咨询活动，受到了大理州各级领导干部和群众的欢迎与好评，认为给大理州提供了一次跳出大理谋划大理发展、在更高层次更宽角度借助外脑、从更加精准更加深入的角度研究解决问题的良好平台和最佳途径。

社科专家在大理行活动中为地方支招解惑

云南网记者　自建丽

“云南社科专家大理行”调研咨询活动举行专家见面会

12 月 6 日，由云南省委宣传部、云南省社科联、大理州委、大理州人民政府共同主办的“云南社科专家大理行”调研咨询活动举行专家见面会。

在为期一周的活动中，40 余位专家将分组深入大理市、祥云县、宾川县、巍山县、洱源县，围绕 8 个方面主要内容开展实地调研，包括大理建设滇西中心城市、借助“一带一路”建设发挥重要支点作用、建设世界级旅游休闲度假胜地、生态文明建设、民族团结进步典范的经验推广、高原特色农业发展、洱海保护治理、精准扶贫推进、党的建设实践等。

大理州委书记陈坚表示，希望专家学者在此次调研活动中为大理州把脉问诊、出谋划策、献计出力，为推动大理“绿色发展、共享发展、跨越发展”提出意见和建议。

云南省社科联党组书记、主席、研究员张瑞才介绍，自2003年至今，云南“社科专家基层行”活动已连续举办了十五年，成为社科专家服务于基层党委政府的一个重要品牌活动。他希望专家们在深入了解大理州当地实际情况之后，结合自己的专业知识，真正起到“智囊”的作用，从不同角度进行大理州问题的梳理和解决方案的研究，为大理州的经济社会发展提出建设性的意见。

社科专家建言巍山旅游：应把旅游文化资源打造成旅游文化产业

“巍山旅游文化资源非常丰富和完整，应该把旅游文化资源打造成巍山旅游文化产业。”12月8日，“云南社科专家大理行”巍山县调研咨询座谈会上，来自省内外的专家学者纷纷建言巍山，为巍山县的经济社会发展出谋划策。

巍山是南诏国的发祥地和故都，全县共有不可移动文物200余处，馆藏文物近3000件，有国家、省、州、县各级重点文物保护单位58处。1994年巍山被国务院公布为国家级历史文化名城。

巍山古城完整地保存着明清建筑风格，是中国保存最完好的明清古建筑群之一，几乎可与山西平遥古城相媲美。

巍山还是文化部命名的民间扎染艺术之乡和省文化厅命名的彝族打歌之乡。彝族打歌舞姿粗犷豪迈、热情奔放，被列入第二批国家非物质文化遗产保护名录……

“我万万没有想到，在大理还藏有这样一个历史积淀非常深厚的地方。”上海复旦大学教授、博士生导师周文在与其他社科专家一同走访了巍山县古城、巍山永建东莲花村、南诏博物馆等地方后，他认为，巍山历史悠久，文化底蕴深厚，文物古迹众多，应把其旅游文化资源打造成巍山的旅游文化支柱产业。

周文说，虽然能明显感受到巍山县各族干部群众在打造巍山旅游业的时候做了很多努力，但现有的旅游资源开发的力度不够，产值不大。一方面，旅游业的发展、宣传太过于碎片化。“巍山是全世界的巍山，全国的巍山，不单单只是云南的巍山，大理的巍山。作为国家级历史文化名城，巍山宣传的视角要打开，视野要广阔，眼界要高，应有底气和信心将巍山的旅游资源打造成巍山县的一个重点支柱产业。”另一方面，巍山对整个旅游资源的聚焦、整合不够。周文认为，巍山真正能够引起大家关注的点，应该是南诏的历史和文化。要在“文化”上下功夫，要引入外面的资本开发旅游业，以打造重点支柱产业为目标来打造巍山，讲好巍山故事，在全国乃至全世界宣传、推广巍山。

社科专家：洱源县郑家庄民族团结进步示范工作经验值得推广

12 月 7 日，“云南社科专家大理行”专家调研组来到洱源县调研。

当天，专家调研组一行先后深入洱源县邓川镇邓北桥湿地、三营镇米汤沟湿地、三营镇郑家庄村、茈碧湖环湖湿地等实地调研该县生态文明保护与建设情况，以及创建民族团结进步示范县工作情况。

在洱源县三营镇郑家庄村，专家调研组们被该村“七个民族一家亲”的浓厚氛围给惊叹了。只见在郑家庄村的民族文化广场上，汉族的石狮子、白族的本主庙、藏族的佛塔等分布在不同的角落。“藏族过藏历新年，彝族过火把节，白族过本主节，我们都会欢聚在一起唱歌、喝酒、吃饭。”现场讲解的负责人如是说。

郑家庄是大理州洱源县三营镇一个多民族聚集的村庄，全村 125 户 525 人，分别有汉、白、藏、傣、纳西、傈僳、彝共 7 个民族，是一个典型的多民族聚居村。多年来，这个村的村民团结互助，相互交融，和谐相处。

20 年从不间断的中秋团圆饭，让 7 个民族的群众聚集在一起。“有钱的群众买牛买肉凑份子，在家种菜的提供蔬菜，种稻谷的提供大米；中青年联谊会成员负责杀牛宰羊等体力活，阳光文艺队负责洗菜做饭等事务；将平时有矛盾或隔阂的群众安排在一桌，支部书记或村民小组长陪餐，在吃饭喝酒聊天中化解矛盾纠纷。”据讲解员介绍，仅去年的中秋团圆饭就有一千多人参加，如今该活动已成为郑家庄一道独特的风景。

此外，春节的“百家宴”、重阳节的“九九敬老宴”等，郑家庄通过积极开展民族文化交流活动，促进各民族相互尊重、相互了解，而这些活动也在促进民族团结中发挥着越来越重要的作用。

2015 年 2 月，郑家庄被中央文明委授予大理州唯一一家第四届“全国文明村镇”荣誉称号。

这仅仅是洱源县创建民族团结进步示范县的一个案例。

中国社会科学院民族学与人类学研究所民族理论研究室副主任、研究员周竞红说，郑家庄创建民族团结示范村的典型经验是值得学习和推广的。“他们将创建过程融入日常的生产、生活中，村规民约规定得好，民主管理方式运用得好……各民族之间的共居、共学、共事的氛围让郑家庄各族群众共同发展，也让我们真正体会到了郑家庄各民族团结亲如一家的浓厚氛围。”

做好智囊团　社科专家建言献策大理州经济社会发展

12月9日，在结束了两天的调研后，"云南社科专家大理行"调研咨询暨大理发展高端论坛在大理州政府举行。论坛上，社科专家们结合各自的研究领域，以及大理州的实际情况，为大理经济社会发展"把脉会诊"，集智献策。

深入基层扎实调研

调研咨询活动以深入学习宣传贯彻党的十九大精神，以习近平新时代中国特色社会主义思想为指导，在为期两天的调研活动中，专家、学者们分组深入大理州的大理市、洱源县、巍山县、祥云县、宾川县，通过调研和座谈等方式，围绕大理建设滇西中心城市、借助"一带一路"建设发挥重要支点作用、建设世界级旅游休闲度假胜地、生态文明建设、民族团结进步典范的经验推广、高原特色农业发展、洱海保护治理、精准扶贫推进、党的建设实践等8个重大课题进行调研。

会议指出，此次调研以问题为导向，认识优势，寻找缺陷，研究对策。41名省内外专家分2个组分别深入飞龙公司湿法铅厂、云南九鼎金属铸造有限公司汽车配件加工基地、紫辰物流园区、刘厂镇龙云公司圣龙庄园、华侨庄园科技开发有限公司、朱古力咖啡种植基地、万亩柑橘展示园等高原特色农业产业，米甸镇黄草哨村、乔甸镇雄鲁么等易地搬迁点，王复生王德三烈士故居、海稍村委会新庄村等红色文化基地等进行调研；邓川镇邓北湿地、三营镇米汤沟湿地、茈碧湖环湖湿地等生态湿地，三营镇郑家庄村、永建镇打竹村、东莲花村等民族团结进步村，巍宝山土主庙、南诏博物馆等爱国主义教育基地和省社科普及示范基地等进行调研。

在查阅资料、座谈交流的基础上，社科专家从城区管网改造、农田面治理、环湖截污工程等为洱海保护提出有效举措；从资金筹集渠道、创作文学作品、拍摄影视剧等举措来推广民族团结进步的“大理经验”；从产业扶贫、易地搬迁、农业农村自身发展规律、典型示范等来助力精准扶贫精准脱贫；从健全制度体系、树立法规权威、划定环境人口容量、建立国家公园和提高科技研发实力等为生态文明建设提供意见；从提高政治站位、党建工作质量和突出全面从严治党要求等提出基层党建的意见建议。

结合实际提出建议

2009 年国务院出台的《关于加快发展旅游业的意见》中，明确提出“要把旅游业培育成国民经济的战略性支柱产业和人民群众满意的现代服务业”，不仅为我国旅游业新一轮腾飞指明了方向，也为休闲型旅游目的地培育提供了重要的政策依据和实践指导。

云南财经大学旅游规划研究中心主任许南恒认为，大理必须从我国旅游业发展的战略高度，深刻理解加快休闲型旅游目的地培育的重要性和紧迫性，从而加快对休闲型旅游目的地的建设和培育。要按照“注重特色、差异发展、强化功能、突出重点、协调发展”的原则，进一步优化休闲旅游区域布局，积极推动大理州各市县休闲旅游区建设，促进各休闲旅游区的协调发展，努力打造出特色鲜明、功能配套互补、要素流动通畅、共同发展的休闲旅游区。

“虽然两天的调研时间非常短，但我深深感受到大理州每个县都有各自的特色和亮点。”上海复旦大学中国研究院副院长、教授、博士生导师周文认为，大理目前正面临环境与发展并重的一个时代，这对大理州的干部群众提出了一个更大的挑战。大理的亮点是自然风光很好，文化深厚，但大理的弱项在产业，短板在产业，缺乏支柱性的产业来支撑。主要表现在产品多但品牌杂，产业化、规模化集成不够；其次是产业特点不鲜明，再次是优势不突出；再次是精准力不够，辐射力不强。

他建议大理要充分发挥好优势，未来发展要融入大局，服务大局，保障大局，在这样的过程中，找准切入点和突破口，高起点谋划，集群化布局，组团式发展。

针对洱海保护治理的问题，中国环境科学院研究员储昭升认为，大理州要持续加强对老城区管网改造强度，强化雨期管网污水溢流控制，包括古城片区、下关北片区、凤仪片区；加强农田面源治理，突破治理新思路，强化农田区块化管理，特别是海西片区，按汇水分区逐个控制；加强对环湖截污工程的质量监控。

“虽然调研时间很短，但从专家们的发言中可以看出，大家的调研很深入，问题看得很准，分析研究很透彻，对策措施科学可行，很多观点既有理论高度，又有可操作性，对推动大理建设发展具有重要的指导意义。”论坛上，大理州委副书记、州长杨健说，此次调研咨询活动，为大理州提供了一次跳出大理谋划大理发展、在更高层次更宽角度借助外脑、从更加精准更加深入的角度研究解决问题的良好平台和最佳途径，必将为推进大理发展做出积极的贡献。

“云南社科专家大理行”调研咨询活动圆满结束

大理日报记者　张婧怡　陈　耀

12 月 8 日，“云南社科专家大理行”调研咨询组到宾川县乔甸镇雄鲁么易地扶贫搬迁点进行实地调研

12 月 6 日至 9 日，由省委宣传部、省社科联、州委、州人民政府共同主办的“云南社科专家大理行”调研咨询活动在我州开展，来自省内外的 40 余位专家、学者深入我州进行实地调研，为我州经济社会发展“把脉会诊”、出谋划策。

6日至8日，调研咨询组的专家、学者们分组先后深入我州大理市、祥云县、宾川县、巍山县、洱源县进行了实地调研，并以座谈会等形式与当地干部群众进行面对面的交流咨询。

随后，在9日下午举行的“云南社科专家大理行”调研咨询暨大理发展高端论坛上，14名专家、学者代表结合此次调研情况，围绕我州建设滇西中心城市和借助“一带一路”建设发挥重要支点作用、建设世界级旅游休闲度假胜地、生态文明建设、民族团结进步典范的经验推广、高原特色农业发展、洱海保护治理、精准扶贫推进、党的建设实践八个方面的主题进行了讨论发言，并就我州发展现状、存在的问题、面临的挑战和机遇以及今后的发展方向提出了自己的观点和意见建议。

州委副书记、州长杨健出席论坛并讲话，省社科联党组书记、主席、研究员张瑞才主持论坛。

论坛上，杨健介绍了我州各项工作进展情况，并和与会专家进行了充分交流。他说，当前我州发展正处于关键时期，站在新的起点上，面临新的机遇，也面临新的挑战，脱贫攻坚、洱海保护治理、基础设施建设、重点产业发展、保障和改善民生等工作繁重、任务艰巨。此次调研咨询活动为我州提供了一次跳出大理谋划大理发展、在更高层次更宽角度借助外脑、从更加精准更加深入的角度研究解决问题的良好平台和最佳途径，必将取得丰硕的成果，为推进大理发展做出积极的贡献。

杨健指出，调研中，各位专家以党的十九大精神为引领，把大理发展放到全国、全省来审视和思考，提出了许多分析深刻、针对性强的意见建议。我州将认真采纳吸收，及时把调研咨询成果转化为推动大理经济社会更好更快发展的思路、项目和措施；将以这次调研咨询为契机，认真学习宣传贯彻落实党的十九大精神，努力把大理建设成为生态文明标兵、民族团结进步的典范、世界级旅游休闲度假胜地、滇西中心城市和“一带一路”的重要支点，闯出一条跨越式发展新路子，确保与全国全省同步全面建成小康社会，开启大理全面建设社会主义现代化的新征程。希望各位专家、学者一如既往地关心支持大理，继续为大理今后的发展建言献策。

张瑞才就此次调研咨询活动作了总结讲话。他指出，在为期5天的活动中，专家们深入基层，深入实践，每位专家都本着为大理州委州政府、为大理

360 多万人民负责任的态度，坚持问题导向，围绕大理各项重点工作和发展情况，进行深入调研，认真思考，提出自己的意见建议，认真贯彻党的十九大精神，体现了强烈的责任意识和使命意识。这次活动水平较高、内容重要、成果丰硕，下一步专家们还要继续进行研究梳理，不断完善研究成果。同时还要进一步抓好成果的运用和成果的转换，使之成为推动大理开放发展的强大动力，希望通过这次活动，大理州委、州政府与专家们加强联系，形成长期合作，为促进大理经济社会发展提供持续智力支持。

州委常委、州委秘书长靳汝柏，州委常委、州委宣传部部长彭斌，州人大常委会副主任许映苏，中宣部全国宣传干部学院教研部副主任、研究员秦强，中国社会科学院民族学与人类学研究所民族理论研究室副主任、研究员周竟红，以及调研组专家、学者，省委宣传部、省社科联有关部门、州级有关部门负责人，大理市、洱源县、宾川县、祥云县、巍山县相关负责人等参加论坛。